写真で学ぶキャスティング

目指せ150メートル

小西 勝美 著

北海道新聞HotMedia・
週刊釣り新聞ほっかいどう 編

北海道新聞社

はじめに
～遠投との出合い～

小西　勝美

26歳のときに偶然、キャスティングに出合った。

高校生のときはバイク漬けの3年間で、高校卒業と同時にモトクロスレースを始めた。

北海道モトクロス選手権のシリーズ戦に一番下のクラスのノービスクラスで出場するようになり、年に一度だけ北海道で行われる全日本選手権では10位に入り、生まれて初めてバイク雑誌でも取り上げられた。

バイクでは、体力や持久力強化が必要となり、翌年から国内A級クラスで走ると、自分に合ったマシン改造の大切さも知り、後のキャスティング競技に役立った。

バイクは国際B級クラスで走ることになったが、模擬レースで両足を骨折し手術をして1年を棒に振り、翌年からレース活動を再開したが思うように足が動かず、モトクロス界は引退した。

この時、私は25歳になり、6年間すべてを打ち込んで来たモトクロスをやめて心にぽっかり穴が空いていたときで、そのとき友達から釣りに誘われ、八雲町にアブラコとカジカを釣りに行った。

暗い中で、投げる自信はなく、力いっぱいに投げたものの、明るくなると30メートルぐらいしか飛んでいなかったことがわかった。

次の週はカレイが釣れている伊達市黄金漁港に行ってみた。釣具店に教えてもらった場所には年配の人が2人いたので、少し離れた所に釣り座を構えて釣りを始めるが全然釣れない。しかし2人にはコンスタントにカレイが掛かる。夕方になり、釣れないので諦めるが、帰り際に2人が気になって「カレイは釣れましたか」と聞くと、クーラーの中を見せてくれビックリ。10匹以上のイシモチガレイが入っていた。

このときの2人が自分にとって遠投の初めての師匠になる室蘭市在住の奥村さんと渋谷さん。当時55歳ぐらいだったと思う。

毎週、港に通い2人から遠投技術、仕掛け、塩イソメの作り方、力糸の結び方など投げ釣りについてさまざま

なことを学んだ。私の飛距離も150メートルまで伸びていた。

しばらくして、釣り雑誌で砂浜でキャスティングのフォームを連続写真で解説している記事を目にした。写真に写っているクマみたいな人が、後々の自分のスポーツキャスティングの師匠となる、全日本サーフキャスティング連盟北海道協会所属の札幌サーフの菅原隆さんだった。どうしても菅原さんと話してみたくなり、勇気を出して電話してみると熱心にスポーツキャスティングのことを教えてくれた。菅原さんは「一度、練習を見に来なさい」と言ってくれ、次の日曜日に練習場を見学に行った。体が大きくてヒゲを生やした菅原さんがすぐにわかった。

「おぉ～来たか～!」と気さくに声を掛けてくれた。

菅原さんが、競技の1つ、ST（セーフティースロー）種目のキャストをするとき、サオの振る音がビューッと聞こえ、自分が振るのとは全然違う重い音に迫力を感じた。次に竿から長く垂らしたオモリをブラブラ振り子のように振り始め、その振り子の勢いでオモリを1回転させてからものすごい勢いでサオを振るのを見て、あっけに取られた。

このとき菅原さんが190メートルぐらい投げたことに感動した。練習が終わった後に菅原さんが、「どうだ、スポーツキャスティングは釣りとは違うだろ～、興味があるなら札幌サーフでやってみないか」と誘われ、間髪入れずに「ハイッ」と返事をした。

私の本格的なキャスティング競技はここから始まった。大先輩の宮内恭さんから筋トレの基礎を学び、パワーを付けた。サオも市販品をそのまま使うのではなく、切ったりつないだり、カーボンを巻いて自分に合ったサオに作り替えた。おかげで3度の日本チャンピオンになった。

釣りの幅も広がった。根魚を釣るときも、コマセネットを付けた2本バリ仕掛けで130メートル飛ばしてコマセを遠くまで運び、誰も届かない領域からアブラコを釣り上げた。サケのウキルアー釣りでは遠くにいるサケの目の前にルアーを飛ばし、普通の人たちが釣ることのできない領域から魚を釣る快感を得た。

私は現在53歳。この歳になっても遠投に対しての新しい発見があり、発見できた時の感動が、また遠投に夢中になる原動力になっている。

この素晴らしい遠投の世界を、少しでもこの本を通してわかってもらえればとキャスティング本を執筆した。

この本で遠投に引かれてくれる人がいたら、この上もない幸せである。

フォームの数々

（本書の解説は右利きの人を
対象にしています）

美しいキャスティング

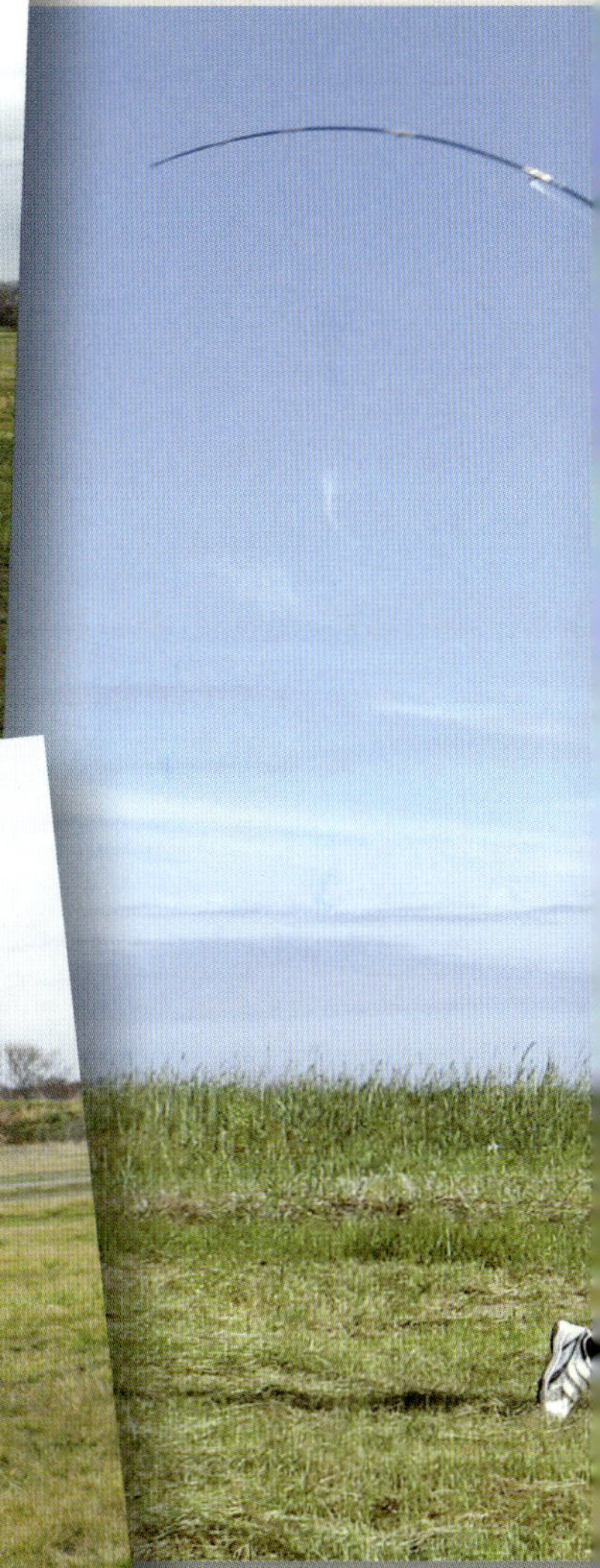

写真で学ぶキャスティング
目指せ150メートル

［目次］

本書の解説は右利きの人を対象にしています

基本的な投げ方

▼正確なキャストを目指そう

投げ釣りの醍醐味《だいごみ》は、大海原に向かって思い切りサオを振り、仕掛けを遠くに飛ばす爽快感にある。誰よりも遠くへ飛ばすのは釣り人の夢であると同時に、広範囲を探ることで数釣りや大物のチャンスも高まる。しかし、ただサオを強く振るだけではある程度の飛距離しか期待できず、力任せのキャストではすぐに飛距離の限界が訪れることになる。サオを十分に曲げてその反発力を生かすためには遠投のための投げ方を身につける必要があり、繰り返しキャストすることでさらに飛距離を伸ばすことが可能になる。

投げ方にはいくつかの方法があり、代表的なのが釣り場でよく見かける「垂らし投げ」。仕掛けを含むオモリまでの垂らし部分を、地面に着けずに投げる投法だ。遠心力を生かすためには垂らし部分を長くすればするほどサオの振り幅が狭まる制約があるのが難点だが、

投げ釣りは大海原に向かって思い切りサオを振る爽快感が魅力

オモリが地面に着いていないので場所を問わずどこでも使える利点がある。

　これに対し、地面に垂らし部分を置いてサオ先も地面に着けるようにして投げるのが「着地投法」だ。サオと垂らし部分が作る角度が狭いセーフティースロー、角度が広く垂らし部分を長く取ることができるV字投法、さらに長い垂らし部分を利用することで遠心力を生かすことができる回転投法がある。セーフティースロー、V字投法、回転投法の順にサオの振り幅が広くなり、投げ方を身につければ体全体の力を生かして遠投することができるようになる。

　ほかに、長い垂らし部分を空中で回しながら大きな遠心力を作り出して投げるスイング投法もあるが、飛ばす方向のコントロールが難しくやや危険でもあり、通常は釣り場では使用しない。ここではその名の通り安全でコントロール性にも優れたセーフティースローを紹介する。

セーフティースローはサオの振り幅が広がることで遠投が可能になる

より正確に、より遠くに投げることができるセーフティースロー

セーフティースロー

　セーフティースローはスポーツキャスティング競技ではST種目と呼ばれ、幅1・5メートル、奥行き8メートルの狭いコートの中からキャストする。コートの両脇には高さ1メートルの所に細いラインが張られており、キャストの際にコートから足が出たり、両脇のラインを切ったりするとファウルとなる。狭い空間からより安全に、より正確に、より遠くに投げることができる投法で、周囲にほかの釣り人がいる実際の釣り場でも安全に遠投することができる。

サオ

投げザオの特徴

投げ釣り用のサオは種類が多いが、遠投の投げ釣りに使用するサオはある程度限られ、長さや硬さなどの選択が意外に難しい。キャスト時にサオに大きな負荷が掛かるため軟らか過ぎるものが向いていないのは当然だが、それぞれの体型や体力もサオ選びの要素となるからだ。平均的な体格の男性の場合は最低でもオモリ負荷25号以上が望ましく、長さは4メートル前後、女性の場合は4メートル以下がベストだ。4・5メートルなどの長いサオではなく、やや短めで硬めのサオの方が遠投向きだ。

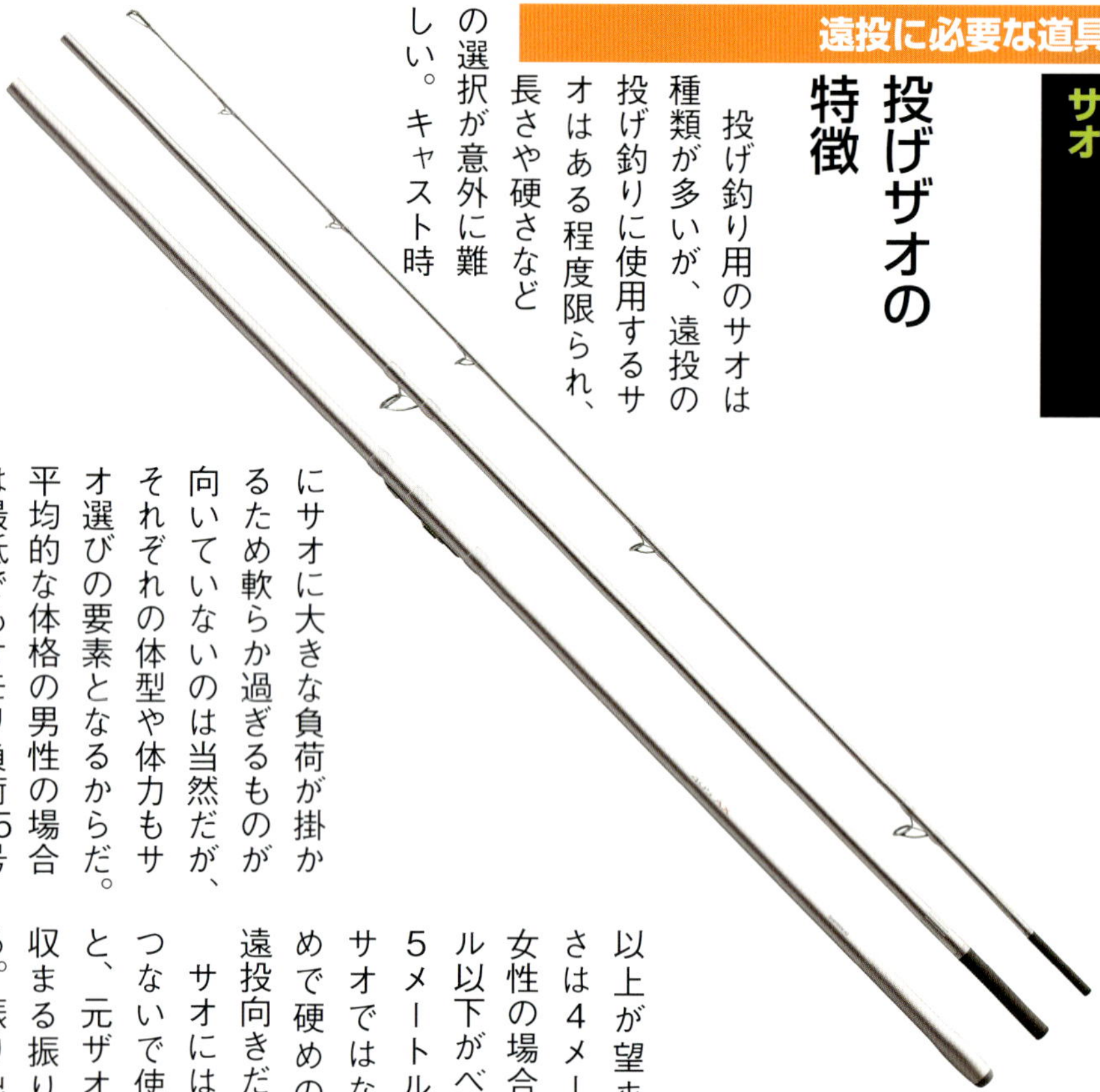

　サオには3本の部品をつないで使う並継ぎザオと、元ザオの中に全てが収まる振り出しザオがある。振り出しザオのほとんどは4本の部品をつないで1本のサオにしているため並継ぎザオよりも継ぎ数が多く、サオの反発力に影響が出やすい。従って遠投には並継ぎザオが向いているが、持ち運びの利便性を重視するなら振り出しザオが有利。最近は並継ぎザオ並みの反発力を持つ振り出しザオも多いので、使用目的などを十分に考慮して選択すること。

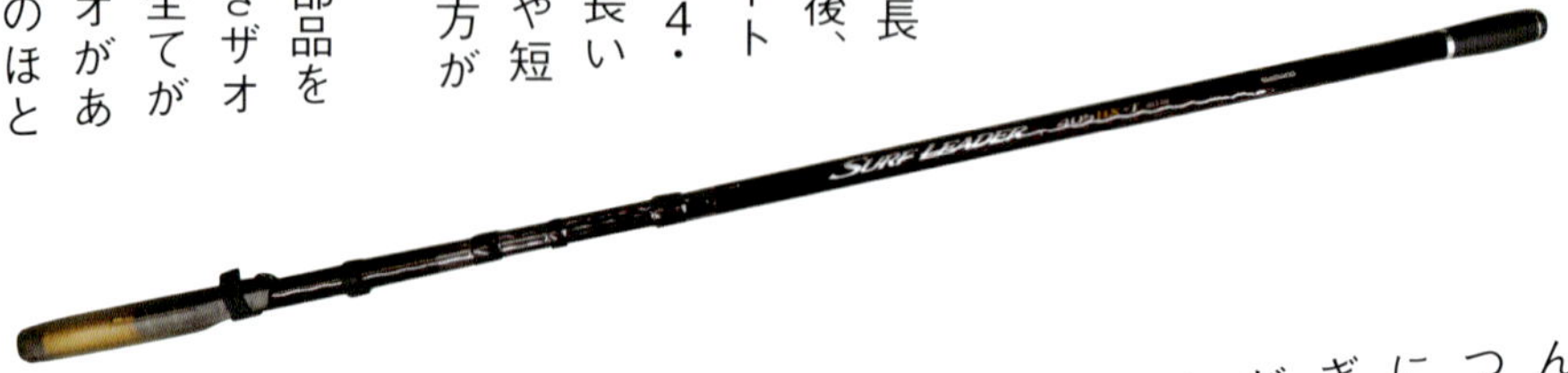

遠投に必要な道具

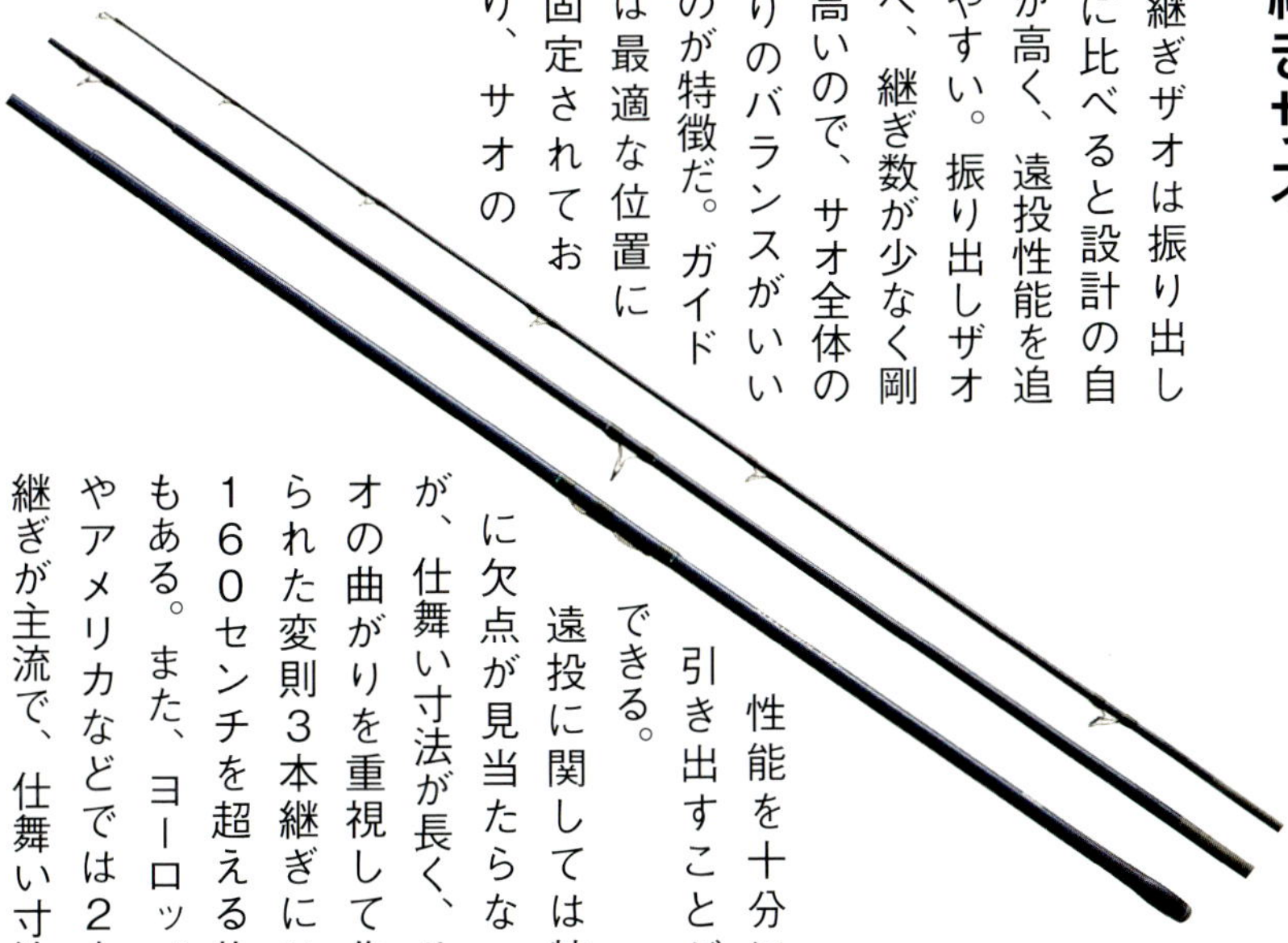

並継ぎザオ

並継ぎザオは振り出しザオに比べると設計の自由度が高く、遠投性能を追求しやすい。振り出しザオに比べ、継ぎ数が少なく剛性も高いので、サオ全体の曲がりのバランスがいいのが特徴だ。ガイドは最適な位置に固定されており、サオの性能を十分に引き出すことができる。

遠投に関しては特に欠点が見当たらないが、仕舞い寸法が長く、サオの曲がりを重視して作られた変則3本継ぎには160センチを超える物もある。また、ヨーロッパやアメリカなどでは2本継ぎが主流で、仕舞い寸法はかなり長い。

ガイドが付いたまま市販されているものとガイドが付いていないストリップ仕様があり、自分でガイド位置をセッティングし、リールシートの位置を決めてオリジナルのサオを作るのが究極の遠投用だ。

ガイド

ハイスピンダーガイドは足が高くサオがねじれやすい

ハイスピンダーガイド

足が高いのでリールからせん状に放出されたラインがサオにぶつかって飛距離が落ちるのを防いでくれる形状だが、キャスト時に大きな力が掛かるとサオがねじれやすく、ガイド絡みなどのライントラブルの原因となりやすいのが難点。遠投には軽量なチタンフレームが有利で、リングはSiCなどがベスト。

Kガイドはガイド絡みが少ないのが特徴

Kガイド

ハイスピンダーに比べるとやや足が低く、ガイドがサオ先の方向にいくらか傾斜した形。キャスト時のサオのねじれが少ないのはもちろんだが、ガイド絡みしたとしてもミチ糸が外れやすい特徴を持ち、伸びのないPEライン使用時でもガイド絡みなどのトラブルを気にせずにフルキャストできる。

遠投に必要な道具

名品の数々

並継ぎザオ

シマノ

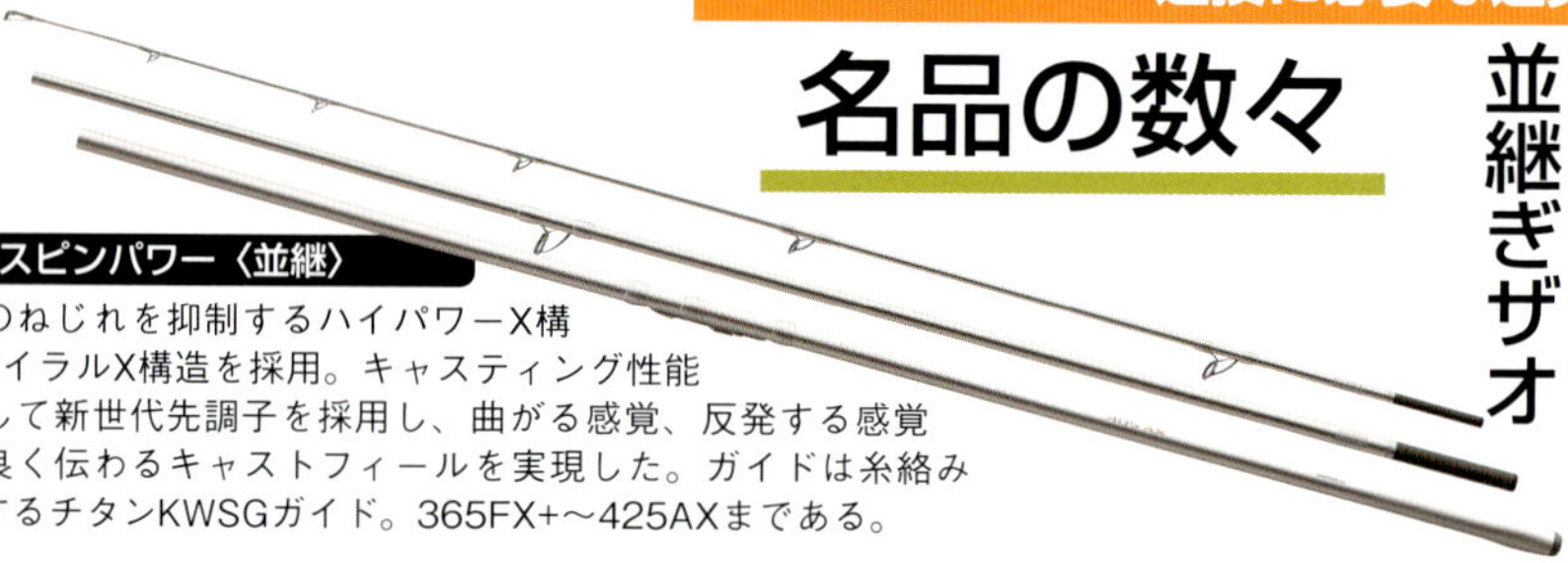

スピンパワー〈並継〉

サオのねじれを抑制するハイパワーX構造+スパイラルX構造を採用。キャスティング性能を追求して新世代先調子を採用し、曲がる感覚、反発する感覚が心地良く伝わるキャストフィールを実現した。ガイドは糸絡みを軽減するチタンKWSGガイド。365FX+～425AXまである。

サーフランダー〈並継〉

ブランクスにスパイラルＸ構造とハイパワーＸ構造を採用し、高次元のキャスティング性能を発揮。投げやすさを追求したマイルドなチューニングで、誰にでも遠投可能なサオに仕上げた。305FX ～ 405BX まで 10 タイプあり、用途に合わせた選択ができる。K ガイド仕様でライントラブル激減。

グローブライド

トーナメントプロキャスター

ダイワ独自の超軽量カーボン素材ガイド AGS を採用。ガイド、チタンリールシートはカーボンスレッドで固定し、感度と軽量化、振り抜きスピードが向上した。元ザオが長いロングバット仕様で、よりシャープな投てき感覚が実現した。AGS 25 号-405 ～ AGS 35 号-405 まであり、ほかにストリップ仕様が 4 タイプ。

スカイキャスター

ロングバット構造によって初速、振り抜きスピードをアップし、AGS ガイド採用で感度が大幅に向上。素材は軽量、高強度を誇る HVF ナノプラスで、3DX 装着で強じんさと粘りをプラスし、キャスト時の軸ブレを大幅にカットした。AGS 25 号-405・V ～ AGS 35 号-405・V まであり、ほかにストリップ仕様も 4 タイプある。

がまかつ

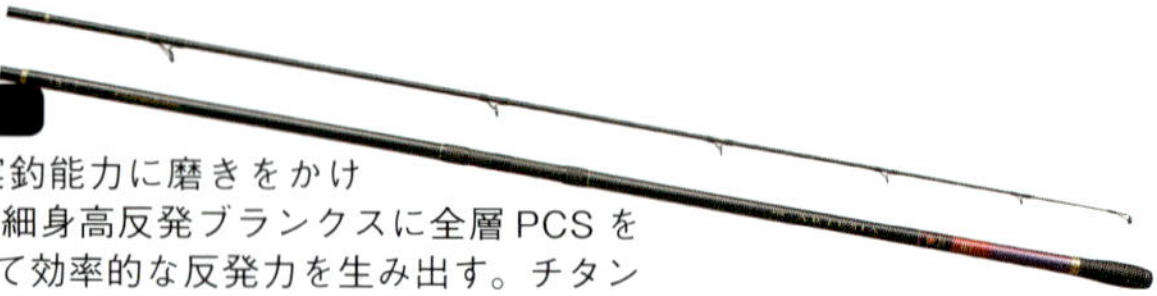

アルテイシア

テクノチタントップを搭載して実釣能力に磨きをかけた高感度モデル。高弾性化した軽量細身高反発ブランクスに全層 PCS を採用し、曲げ・復元時のロスを抑えて効率的な反発力を生み出す。チタンフレームトルザイトガイドで大幅な軽量化を実現した。27 号 405 ～ 35 号 405 まであり、ストリップ仕様もある。

振り出しザオ

振り出しザオは元ザオの中にガイド以外の部分が収まり仕舞い寸法が短く、リールや仕掛けをセットしたままでも持ち運べるので、釣り場に着いたらすぐに釣りができる。足場の悪い岩場や距離のある防波堤などでは特に便利で、オモリ負荷35号ほどのものもあり遠投にも使用できるが、並継ぎザオに比べると継ぎ部分が多く反発力はやや劣る。

ガイドは遊動式だがガイドロック機構付きが多く、問題なくフルキャストできる。ただし、ガイドロックの部分が太くなる場合もあり、サオのスムーズな曲がりや重量、バランスに影響する可能性もある。また、構造上、サオの曲がりを左右するガイド位置を自由に設定できない難点もある。

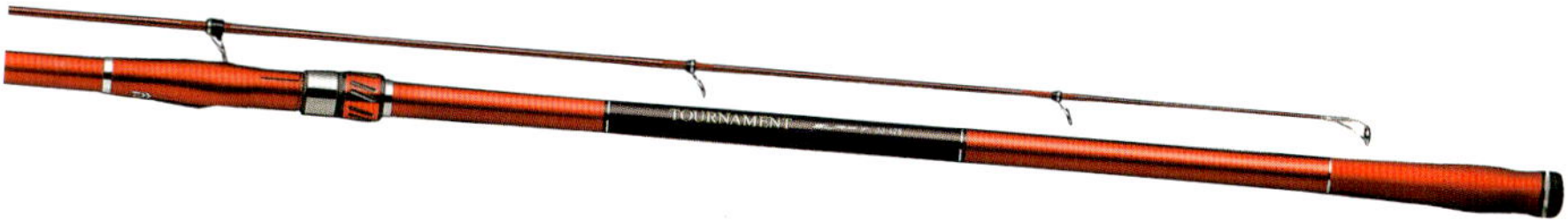

▽ガイドロック機構

振り出しザオは並継ぎザオのようにすべてのガイドが固定されていないため、キャスト時のサオの曲がりによってガイドが回転しやすく遠投の妨げとなる。これを防ぐのがガイドロック機構。メーカーにより多少形状は異なるが、サオ自体が持つ遠投力を十分に発揮できる仕組みだ。

▽トップカバー

振り出しザオは、元ザオの中の穂先や遊動ガイドなどが飛び出て破損するのを防ぐため、持ち運びの際にはトップカバーを付ける。

オモリの重さによる投げザオの使用目安

表示されているオモリ負荷	使用できるオモリの目安	飛距離の目安
20号	15～25号	～60m
23号	20～25号	～80m
25号	20～30号	～100m
27号	25～30号	～120m
30号	25～35号	～150m
35号	30～40号	150m以上

遠投用スピニングリール

特徴

投げ釣り専用の遠投用リールは、ミチ糸がスムーズに放出されるようにスプール形状やスプールエッジの角度などが細かく設計されており、スプール径が大きくスプールストロークが長いのが特徴だ。従って、一般的な投げ釣りやルアー釣りで使用する溝が深くスプールストロークの短いスピニングリールは、飛距離を追求する遠投向きではない。

現在はダイワとシマノの2社から発売されているが、いずれも飛距離に特化するだけではなく軽量化や巻き上げ力、耐久性などにも注力し、優れた性能を発揮する。遠投用リールは、投げるたびに150メートルほどのミチ糸を巻かなければならないので、選択の際には耐久性も重要項目だ。

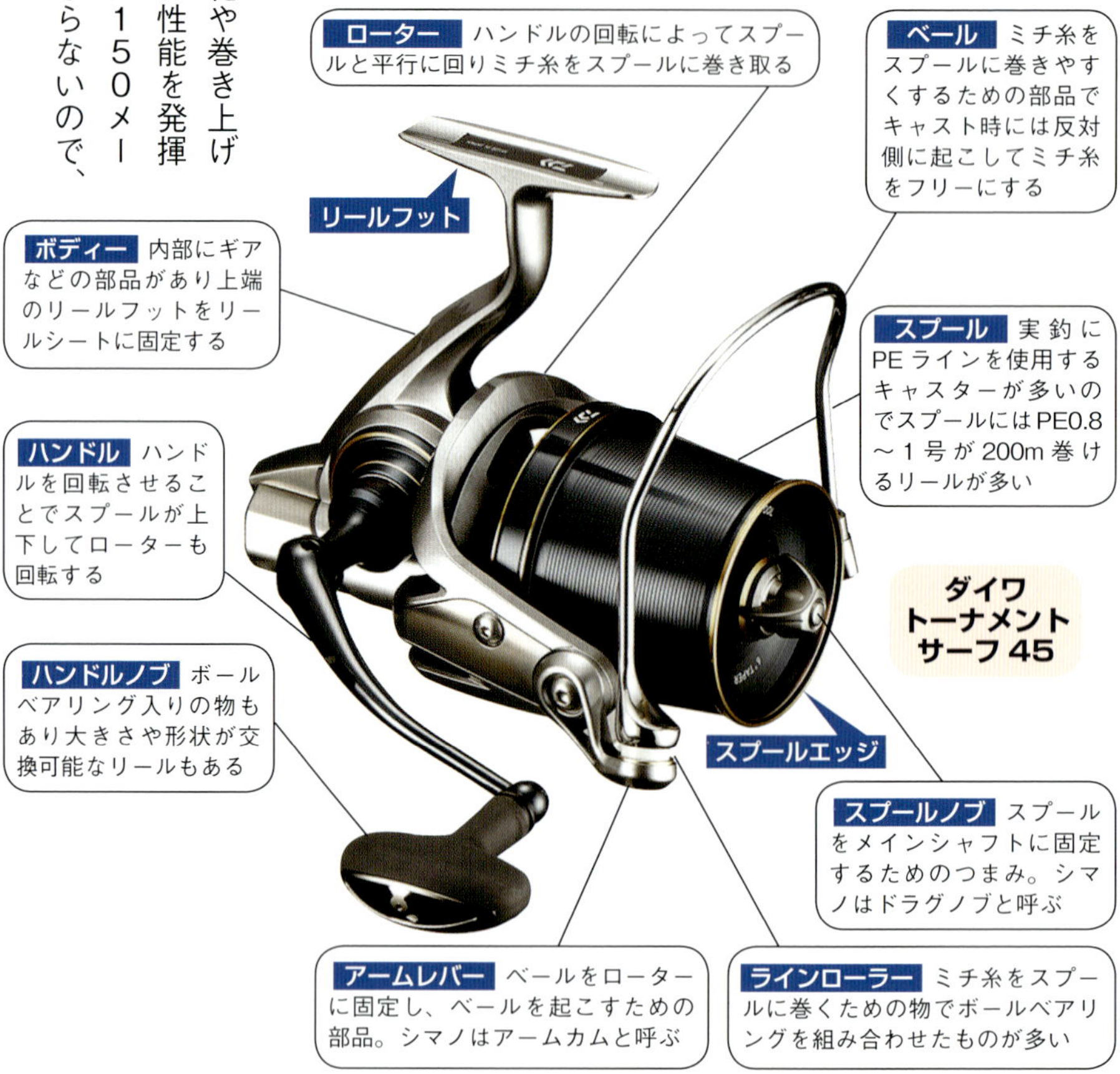
ローター ハンドルの回転によってスプールと平行に回りミチ糸をスプールに巻き取る
ベール ミチ糸をスプールに巻きやすくするための部品でキャスト時には反対側に起こしてミチ糸をフリーにする
リールフット
ボディー 内部にギアなどの部品があり上端のリールフットをリールシートに固定する
スプール 実釣にPEラインを使用するキャスターが多いのでスプールにはPE0.8〜1号が200m巻けるリールが多い
ハンドル ハンドルを回転させることでスプールが上下してローターも回転する
ダイワ トーナメント サーフ45
ハンドルノブ ボールベアリング入りの物もあり大きさや形状が交換可能なリールもある
スプールエッジ
スプールノブ スプールをメインシャフトに固定するためのつまみ。シマノはドラグノブと呼ぶ
アームレバー ベールをローターに固定し、ベールを起こすための部品。シマノはアームカムと呼ぶ
ラインローラー ミチ糸をスプールに巻くための物でボールベアリングを組み合わせたものが多い

使い方

遠投に必要な道具

ハンドルを回転させてスプールをストロークの上端付近まで出してラインローラーを上にする

リールフットを中指と薬指、または薬指と小指の間で挟んでサオをしっかり握る

人さし指の指先と第1関節の間に力糸を掛ける

キャスト時にミチ糸をフリーにするために他方の手でベールがロックされる位置まで起こす

遠投にドラグ不要

一般的なスピニングリールのスプールはドラグノブによってメインシャフトに固定され、ドラグノブの締め具合によって、魚が引いたときにスプールが自動的に逆回転し、ラインが切れるのを防ぐドラグ機能を持つ。しかし、遠投用リールはドラグ機能がないものがほとんどだ。大きな負荷が掛かるフルキャスト時に誤ってドラグが効いてしまうと、人さし指に掛けたラインが指の上を滑ってけがをすることもあり、オモリが飛ぶ高さや方向にも影響するなど危険を伴うからだ。

遠投用リールのスプールは大口径で溝が浅いのが特徴。スプール径が大きくやや前傾して遠投に特化した形状

一般的なリールはスプールの長さが短く溝が深いのでライン放出時の抵抗が大きく遠投には向かない

替えスプールを用意しよう

遠投には細いミチ糸を使い、力糸を付けて使う。思いがけない根掛かりの際には力糸とのつなぎ目で切れることが多いが、ときにはミチ糸が切れてしまうこともあるので、替えスプールを用意しよう。細いミチ糸を巻いておけば遠投用、多少太めのミチ糸なら飛び根のある釣り場でも対応できる。

ライン（ミチ糸）

ナイロンライン

化学繊維素材のラインの中では最も歴史が古く、幅広いジャンルの釣りに使用される。軟らかめでスプールへのなじみが良く、適度な伸びで急激なショックを吸収することができるなど扱いやすいが、吸水率が高いので劣化しやすく、まめなライン交換が必要となる。

細いほど飛距離が出るが、根掛かりのない釣り場で遠投するときは2号に力糸を付けて使用するのが一般的。伸びがあるので感度が悪く、カレイを狙った遠投の場合は当たりが取りにくいのが難点。比重は約1・14。

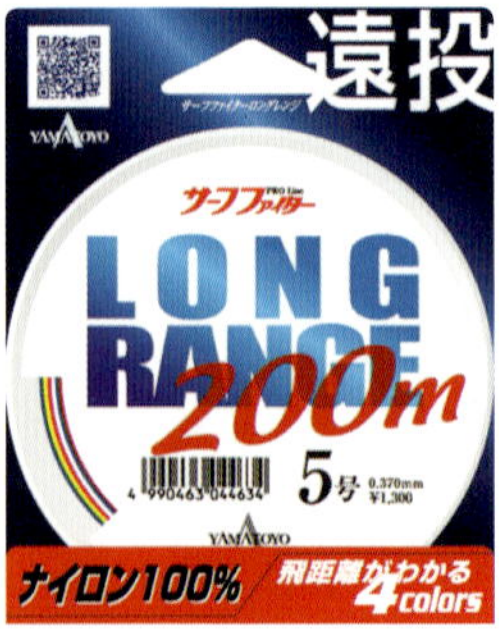

ラインの太さによる対象魚の違い

ナイロン	PE	フロロカーボン	対象魚
1～1.5号	0.6、0.8号	0.8～1.2号	超遠投のカレイ釣り
2号	1～1.5号	1.5、2号	一般的な遠投のカレイ釣り
3～5号	2～3号	3～5号	アブラコ、カジカ、サケなど
6号以上	4号以上	6号以上	根の荒い釣り場の根魚釣り

スプールへの適正な糸巻き量

負荷を掛けながら巻くと、伸びたラインが先に巻いたラインを締め付けるような状態になり、スプールにきつく巻かれるので糸がみが少ない。スプールエッジギリギリまでラインを巻いてもバックラッシュなどのトラブルはほとんどない。

PEライン

最大の特徴は低伸度で直線引っ張り強力に優れていること。極細繊維を編み込んで作られており、ナイロンラインの約2・5～3倍の直線引っ張り強力を持つ。当然、細いラインの使用が可能で飛距離が期待でき、遠投の投げ釣りでは0・6～1号が多用される。ほとんど伸びがないので、100メートル以上の飛距離でも小型カレイの当たりが確実に取れるほど抜群に感度がいい。吸水性はないがこすれに弱く、根ずれに対しては意外なほどもろいので注意すること。風の影響を受けやすく、比重は0・97。

フロロカーボンライン

表面が硬く傷つきにくいので根ずれに強いのが特徴。遠投が必要だが、海底に小さな根が点在する釣り場などで活躍してくれる。初期伸び率が低めで比較的感度が良く、吸水性がないため耐久性に優れる。屈曲率が水に近いので水中でラインが見えにくいが、比重が1・78と大きめで途中に高根があるような所では使いにくい。

遠投に必要な道具

スプールへの適正な糸巻き量

伸びがないので常に一定の負荷を掛けながら巻き取らないと糸がみしやすく、バックラッシュに注意が必要。糸巻き量が多くてもバックラッシュしやすいので、糸巻き量はナイロンラインの8、9割が目安。

ちょこっとMemo

ナイロンライン2号とPEライン0.6号を使い私自身が陸上で飛距離テストを行ったところ、ナイロンライン2号の最長が180メートル、PEライン0.6号は197メートルだった。「強力」がほぼ同じで10%ほどの飛距離アップが期待できるのだから、PEラインを積極的に使用したい。

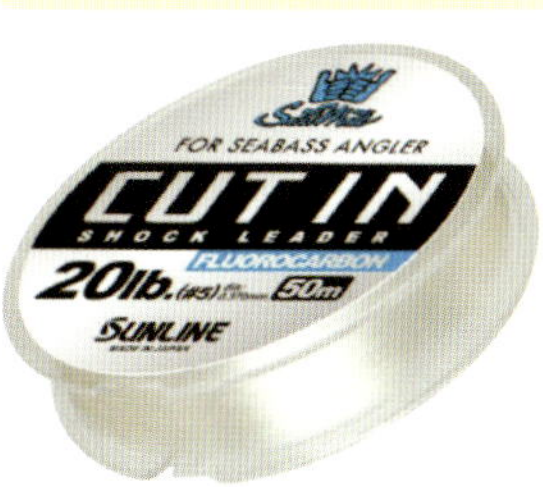

力糸

力糸とは

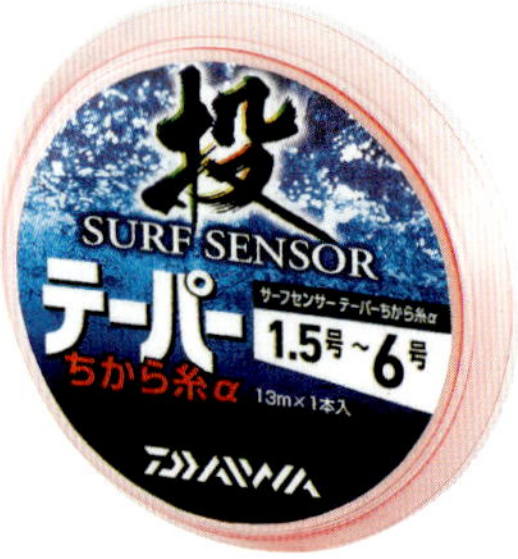

細いミチ糸を使用して遠投のためにフルキャストすると、ミチ糸が大きな負荷に耐えられずに簡単に切れてしまう。これを防ぐためにミチ糸につないで使用するのが、ミチ糸側からオモリ側に向かってテーパー状に太くなる力糸で、一般的には長さが12〜15メートルほどだ。

ナイロン力糸の形状例

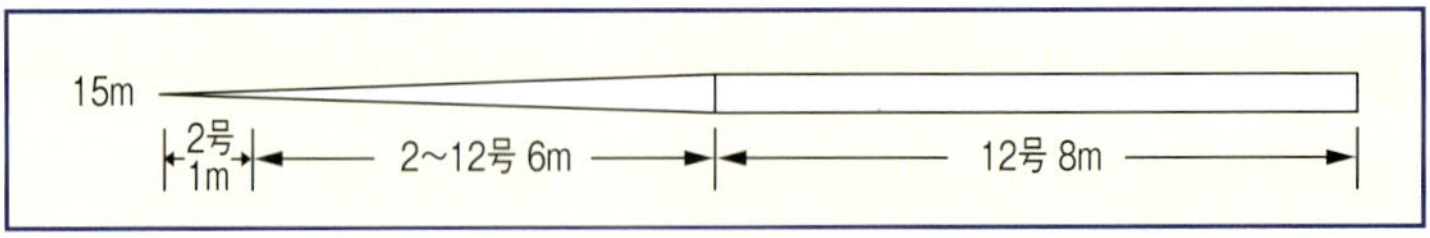

力糸は、例えば2〜12号で長さ15メートルのナイロン力糸の場合はミチ糸とつなぐ2号部分が約1メートル、2〜12号までのテーパー状部分が約6メートル、12号部分が約8メートルというような形状だ。垂らしを長くしてもスプールには十分な長さの太い力糸が巻かれており、安心してフルキャストできる。

遠投が求められるキス釣りでは、感度と飛距離重視でミチ糸、力糸ともPEラインを使うのが主流だ。基本的には力糸の細い部分がミチ糸と同じかやや太いものを使う。

力糸付きのミチ糸

力糸とミチ糸をつなぐにはブラッドノットや電車結びなどを覚えなくてはならず、初心者にはハードルが高いが、ミチ糸に力糸部分が付いて1本の糸となったものもあり便利だ。結び目がないので飛びがスムーズだが、根掛かりのない釣り場以外では使用できず、力糸部分が切れた場合は力糸を結ばなければならない。結びに慣れるまでは役に立つが、ミチ糸＋力糸に比べると価格が高いので、できるだけ早く結び方を覚えること。

フィンガープロテクター

なぜ必要か

スピニングリールを使った遠投は、リールのベールを起こして人さし指に力糸を掛けるところからスタートする。サオを振り始めた瞬間から力糸を離すまでは人さし指に大きな力がかかり続けるので、指の保護のためにフィンガープロテクターを使うことで安心してフルキャストができる。釣りのときには手がぬれることも多く、フィンガープロテクターなしで強いキャストをすると簡単に力糸で指が切れてしまうため、安全のための必需品といえる。

一般的には指をカバーする部分が摩擦に強い革か合成皮革、手に固定する部分が伸縮性のあるクロロプレン製の物が多く、キャスト時の手の動きを妨げることはない。飛距離に影響することもあるので手に合ったサイズのものを使うこと。

遠投に必要な道具

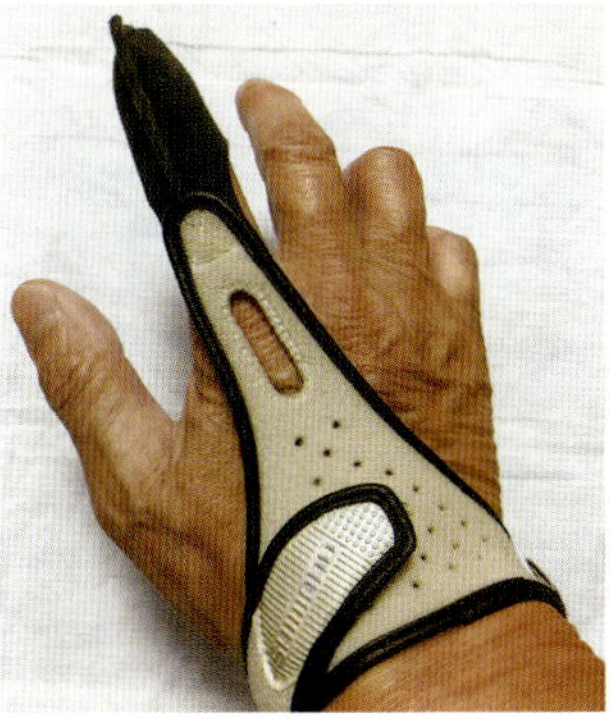

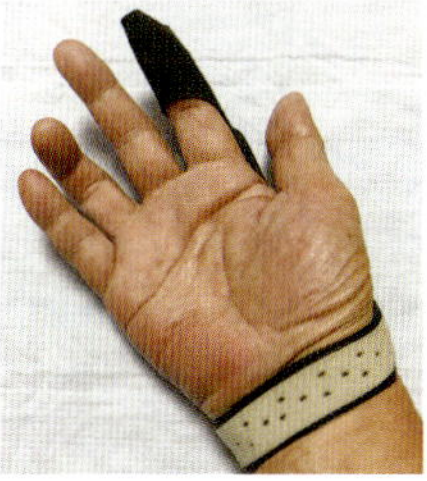

グルピタフィンガー
ダイワ

指先部分は、つまんで簡単に外せる耐久性のある本革を使用。手の甲側はクロロプレン素材で、手首への固定部分はメッシュで通気性を確保。サイズはMとL。ブラック、ブルー、レッドの3色ある。

キャスティングプロテクター
がまかつ

指先部分は耐久性、摩擦強度に優れたカンガルー革。甲側にはクロロプレンを使用しており、指を曲げやすくスムーズなキャスティングが可能だ。右用、左用があり、右用はサイズがM～2L、左用はLのみ。

パワーフィンガー
シマノ

摩擦に強く指になじむカンガルー革使用。指先のフィンで着脱しやすく、手の甲部分はエアホールで蒸れ感を緩和した。手首の動きを妨げない立体裁断で、カラーはブラック、ホワイト、ネイビーなど5色。サイズはS～LL。

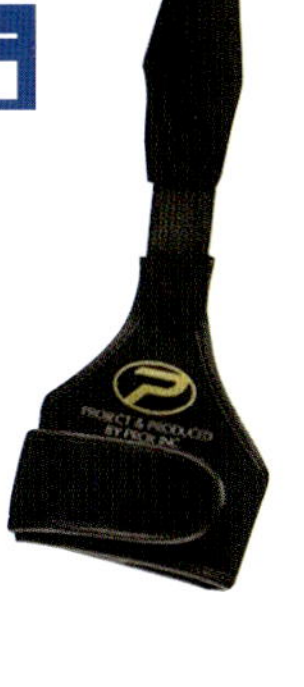

フィンガープロテクター
プロックス

指先部分は指を守り、ラインの感覚を残すために人工皮革を採用。手首部分は伸縮性のあるクロロプレン素材で、違和感なくキャストできる。カラーはブラックでサイズはフリー。

オモリ

オモリの種類

オモリにはさまざまな形のものがあり、海底の地形や潮流の速さ、釣り方などによって使い分ける。ほとんどのオモリの素材は比重が大きい鉛製で体積が小さく、比較的安価で飛距離にも期待が持てる。鉛よりも比重が大きいタングステンを使用して遠投に特化したオモリもあるが、価格が非常に高いのが難点だ。

オモリにはさまざまな形状の物がある

ナス型オモリ

転がりやすい形状なので、主に港内など潮流の影響が少ない場所で使用することが多い。重心が先端部に近いので空気抵抗が小さく意外によく飛ぶ。

六角型オモリ

小田原型とも呼ばれ、広い平面部分があるので潮に流されにくく汎用性が高い。転がりにくいので飛び根のある釣り場でも根掛かりが少なめ。

三角型オモリ

転がりにくい形状で、潮流の速い釣り場で多用される。サケ釣りなどに使用するフロート付きで潮流の抵抗が大きい仕掛けなどを使うときも便利。

スパイクオモリ

表裏にスパイク状の突起を持つ特異な形状。潮流の速い釣り場では特に活躍してくれるが、ちょい投げや中投げ程度までで遠投には不向き。

遠投に必要な道具

中通しオモリ

オモリの中心に穴が開いたオモリ。ナツメ型、丸型など種類があり、仕掛けに組み込んで使用することで仕掛けの浮き上がりを防ぐことができる。

テンビン付きオモリ

道内ではあまり使用されないが、本州ではこのタイプが主流。キス釣りなどのようにハリ数が多く全長の長い仕掛けに最適。カレイ、アブラコ釣りでも多用される。

オモリ

遠投のためのオモリ

遠投向きのオモリには、空気抵抗が小さいことや重心がオモリの先端付近にあることなどが求められる。キャスト後、オモリが最高点に達した後はなだらかなカーブを描いて落下する形状が良く、ミチ糸などの抵抗によって飛行姿勢が安定する、全長がやや長めのオモリが有利。

トップガン TV
ダイワ

重心が先端部に近い砲弾型で、鉛よりも比重が大きいタングステン製のオモリ。同号数の鉛製オモリに比べると体積が小さいため飛行中の空気抵抗も小さく、飛距離が伸びる。ただし、鉛製のオモリに比べると価格がかなり高く、キャスト時のライントラブルなどを考慮すると使いにくい。

弾丸オモリ
フジワラ

鉛製で重心が先端部に集中しており、オモリ中央部から後端にかけて空気がスムーズに流れる形状。オモリの飛行中に空気抵抗でぶれることがほとんどなく、他の形状のオモリに比べると飛距離が期待できる。胴突き、遊動式、テンビン仕掛けなどの仕掛けに使ってもよく飛ぶが、潮流の速い釣り場では流されやすい。

キャスト前の準備

リールシートの位置

なぜハイシートか

ハイシートのサオの場合は構えが自然で、体全体でサオが振れる

ローシートのサオはリールフットを握る腕が窮屈で強くサオを振れない

投げザオは、リールを取り付けるリールシートの位置によってローシートとハイシートに分けられる。ローシートのサオはリールシートの上端がサオ尻から60～70センチほどの位置にあり、頭上にサオを構えて真っすぐ振り下ろすオーバースローなどで扱いやすいが、セーフティースローなどには向いていない。

ハイシートはリールシートの上端が80～85センチほどの位置にある。セーフティースローで遠投するには硬いサオを大きく曲げる必要があるため、サオを構えたときにリールフットを握る手やサオ尻を持つ手が窮屈にならないハイシートが良く、体全体で効率良くサオを振ることができる。

遠投用のサオ

種類

釣具店で販売されている並継ぎザオは、ストリップ仕様（ガイドとリールシートが付いていないサオ）以外はガイドやリールシートが取り付け済みだ。しかし、リールシートの位置はキャスティングフォームに大きな影響を与えるため、本来はリールを持つ手を伸ばしたときにサオ尻が反対側の胸の中心付近に来るのがベスト。すでに固定されている場合は改造しない限りそのままで使うしかないが、ストリップ仕様を選んで自分に合うリールシートとガイドの位置を決め、オリジナルのサオを作るのが究極の遠投用のサオといえる。

キャスト前の準備

リールフットを握る手を伸ばしたときにサオ尻は反対の胸の中心付近がベスト

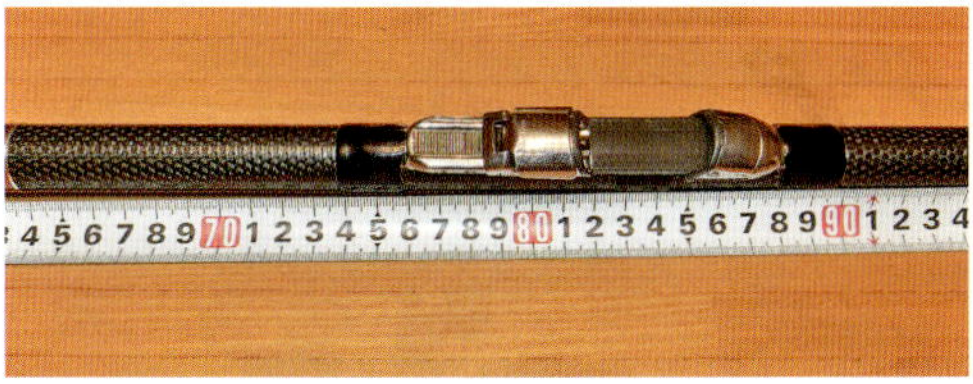

88 センチに設定されたリールシート

自分に合った商品選び

同一メーカーのサオは、表示されている適合オモリ負荷が大きくなるほどサオ尻からリールシート上端までの長さが長くなる。サオ選びは振り出しザオにするのか並継ぎザオか、サオの硬さやリールシートの位置、将来的に改造する可能性があるのかどうかなど、細かな点まで考慮して選択するように心掛けること。

ストリップ仕様で作るオリジナルが究極のサオ

リール（リールフット）の握り方

薬指と小指の間に

遠投するときはリールフットを薬指と小指の間で挟んでサオを握る

リリースがスムーズに

サオを振るときには左手でサオ尻、右手でリールフットを握ってサオを支える（左利きの場合は逆）。それほど遠くに投げないときはどんな握り方でも特に問題はないが、遠投の場合はサオとリールフットの握り方によって飛距離に違いが出ることがある。

キャスト時のミチ糸は、リールのローターやサオに当たりながらガイドを通って放出される。スプールが最もリールのボディー側（下端）にある状態でキャストするとローターなどへのミチ糸の接触が多くなり、飛距離への影響も大きくなってしまう。従って遠投の際はスプールが最も前へ出た状態（上端）にあるのが望ましく、その状態で違和感なく力糸を人さし指に掛けるためには、リールフットを薬指と小指の間に挟むのが良い。力糸を掛けた人さし指はサオから浮かし、ラインの角度が90度に近くなるとキャスト時のリリースがスムーズになる。

キャスト前の準備

サオがぐらつく

人さし指と中指の間にリールフットを挟むとキャスト時にサオが安定しない

中指と人さし指の間では不安定

リールフットを握る手は、キャスト時の大きな負荷に耐えられるようにサオをしっかり支える役割を持つ。リールフットを中指と人さし指の間で握ると、力糸を掛けた人さし指が浮いた状態になっているせいでキャスト時にサオがぐらつきやすく、安定しないため飛距離に影響することになる。

また、飛距離を伸ばすためにスプールが上端にある状態にしたときは、人さし指に掛けた力糸の角度が鋭角になり、負荷が掛かったときにフィンガープロテクターに食い込みやすい。スムーズなリリースの妨げとなり、弾道が低くなったり、投てき方向の定まらないキャストが起こりやすくなる。

※釣り場でよく見かけるのは人さし指と中指の間にリールフットを挟む握り方。中投げ程度まではサオとリールフットの握り方によって飛距離が変化することは少ないが、遠投の場合は小さなことでも飛距離に影響してしまうので、握り方の変更を心がけること。どうしても慣れない場合は最低でも中指と薬指の間でリールフットを握り、力糸を掛ける指が少しでもスプールの上端に近づくようにしたい。

キャスト前の準備

力糸（ライン）の持ち方

人さし指の先と第1関節の間に

人さし指の指先と第1関節の間に力糸を掛けるのが基本

すっぽ抜けやすいと感じる場合は第1関節に力糸を掛ける

キャスト時には、リールのベールを起こしてミチ糸がスプールから自由に放出されるようにする。投げる前に人さし指にラインを掛けてからリールのベールを起こすが、基本は人さし指の指先と第1関節の間に力糸を掛ける方法だ。指先付近は神経が繊細なのでラインをリリースしやすく、この方法はスポーツキャスティング競技に出場するトップキャスターにも多く見られる。ただし、指の力が弱く、ラインに掛かる負荷を支えきれずにすっぽ抜けやすいと感じる場合は、やや深めに第1関節に力糸を掛けるといいだろう。

繰り返し練習

第2関節に力糸を掛ける方法も

常に硬いサオを使ったフルキャストが多い場合は、第2関節に力糸を掛けてキャストする方法もある。この方法は少数派で目にすることはそれほど多くないが、自分に合った力糸の持ち方を模索することで飛距離アップの可能性を高めることができる。

少数派だが第2関節に力糸を掛ける方法もある

スポーツキャスティング競技でよく見られる方法

超遠投をするために重めのオモリを使うときやスポーツキャスティング競技では、指に掛かる負荷がかなり大きくなる。指の力が大きな負荷に耐えきれなくなり、キャスト中に指からラインが外れたり、すっぽ抜けで弾道が高くなったりすることもある。こんなときは人さし指の先に軽く親指を添えるのがよく、スポーツキャスティング競技ではよく見られる方法だ。かなり大きな負荷が指に掛かってもすっぽ抜けなどは起こりにくいが、慣れるまでは添える親指の力加減やリリースのタイミングがつかみにくいので、繰り返し練習する必要がある。

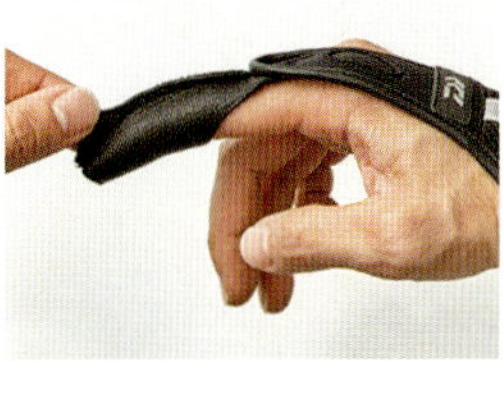

※写真では力糸が指のどの位置に掛かっているのか分かりやすいようにするためにフィンガープロテクターを使っていないが、遠投時には指に大きな力が掛かるので、必ずフィンガープロテクターを使用すること。フィンガープロテクターは指のけがを防いでくれるだけではなく、飛距離にも影響を与える。

サオの構え方

左手の手首は手の甲側に

右利きの場合（左利きは逆）は右手でリールフット、左手でサオ尻を持って構えるが、サオ尻を握る左手首の向きが非常に重要だ。スピニングリールを使ったキャスティングでは、リールは必ずサオの進行方向を向いている必要があり、内側を向いても外側を向いてもサオがねじれやすくなり、ガイド絡みなどのトラブルの原因となる。

しかし、意識はしていてもリールフットを握る右手は、サオを振ろうとして急に力を入れると、手首が返って内側（手のひら側）を向こうとする。これを防ぐためには、構えの段階では左手の手首をなるべく手の甲側に曲げて軽くサオ尻を握るか、サオ尻を手のひらに載せる程度にしておくことが大切だ。この状態からサオを振り始めることで右手が内側を向いてしまう状態を防ぐことができ、スムーズなキャストが可能になる。

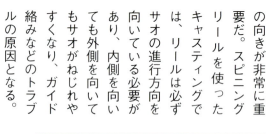

左手を手のひら側に傾けるとサオがねじれる

サオを持つ左手と左腕でサオ尻を強く引くには、手首を手の甲側に曲げて構えるよりも手のひら側に傾けた方が、力を入れやすいように感じるかもしれない。しかし、この状態でサオを振り始めると、リールフットを握る力んだ右手の手首が内側を向いてしまい、サオ尻を握る左手は抑えが利かずに手の甲側を向いてしまう。

そうなるとリールはサオの進む方向ではなく内側（体側）に大きく傾いてしまい、当然のことだが、サオに取り付けられたガイドもリールと同じ角度に傾いてしまう。この状況でサオを振り続けると、オモリによる負荷が大きくなったときにサオがねじれてトラブルが多くなる。そればかりかねじれによってサオが持つ反発力が十分に生かせなくなり、飛距離が伸びないキャストになるので十分に注意すること。

キャスト前の準備

サオの構え方① 上半身の構え

右肘は直角より広め

右肘は直角よりもやや広い角度になるように楽に構えるのがいい

後や前から見たときにサオが胸の上の体の中心に来るように構える

サオ尻とリールフットを握り、万歳をするようにサオを持ち上げる。右手を下げ、体の背中側の地面に軽くサオ先を付ける。左手は伸ばしたままで、肘が少し曲がる程度に楽に構える。この状態が遠投のためのセーフティースローの構えだが、気を付けなければならないのが右肘の角度だ。直角よりもやや広い角度になるように構えるのが良く、それによってサオを大きく体全体で振ることができる。ただし、開き過ぎると力が入りにくく、肩を痛める原因にもなるので注意すること。

次に胸を張って上体を少し反らし、サオが胸の上に来るように構える。この構えからサオを振ると体全体の力を生かすことが可能になり、かなり大きな負荷が掛かっても耐えることができる。

キャスト前の準備

左腕、伸ばすな

右肘を畳んで構えると伸びきった左腕が生かせず手振りになりやすい

サオ尻を握る手を前方へ突き出して右肘を畳んでしまうと、伸びきった左腕の力を生かしにくくなり、サオを右手で押しながら振る手振りになりやすい。当然のことだがオモリを遠くへ飛ばすことは難しくなり、飛距離を出すためにサオを速く振ろうとすると右腕に掛かる負荷がさらに大きくなるため、右腕で押し返すことが厳しくなる。

また、右肘を畳むことでサオを体の中心ではなく前に構えることになり、大きな負荷が掛かったときに体全体で支えることができない。サオの軌道が体の中心から離れてしまい、投てき方向をコントロールすることが難しくなるばかりか、体全体の力を使ったキャストはできなくなってしまう。

構えたときにサオが体の前に来ると体全体を使ったキャストができない

注意

釣り場では「Bad」の構え方をする人を見かける。体の上にサオを構えるより、右肘を畳んだ姿勢の方が体は楽だからだ。しかし、遠投時のサオと体の動きは、大きな負荷を作り出す動作なので、構えの段階から負荷に耐えられる姿勢を作っておくのがベストだ。

サオの構え方② 足のスタンス

体重配分は右足７左足３

両膝を軽く曲げて構え重心を後ろ側に取るために右足をやや深く曲げる

体重は右足７対左足３の割合でつま先は体の正面に向ける

体重の配分は右足７対左足３で、つま先は体の正面に向ける。両膝を軽く曲げて構えるが、重心を後ろ側に取るために右膝を心持ち深く曲げる。左足を少し前に出すように足のスタンスを取るのは腰の開きが早くなるのを防ぐためで、こうすることでキャスト時に腰の回転による力を十分に生かすことができる。

左足のつま先を外側に向けると腰の開きが早くなる

左足のつま先を外側に向けて立つとキャスト時に腰の開きが早くなり、サオを振り始めると同時に体が前を向いてしまい、腰の力を生かせなくなる。また、ベタ足で構えると足首が回りにくく、腰の回転に伴う上半身の回転も生かせなくなり、投げ方向が定まらないので注意。

キャスト前の準備

つま先は正面に

足のスタンスの取り方は体の前後から見ると分かりやすい。まず、投げる方向に対して平行に立ち、身長の半分ほど足を開く。このとき、つま先は真っすぐ体の正面に向け、特にキャスト時にやや前方に踏み出す左足(左利きの場合は右足)のつま先が外側を向かないように気を付けること。左足が外側を向くと構えの段階ですでに腰が開き気味になり、サオを振り始めるとさらに腰が開きやすくなり、体全体の力を生かせなくなるからだ。

左足は右足よりも靴のサイズの半分ほど前に出し、投げる方向に対していくらか尻を向けるように構える。腰の力を十分に使うタメを作るための重要な動作で、両足には7対3の割合で体重を掛ける。左足3、右足7の割合だ（左利きの場合は逆）。両足とも地面にべったり足の裏を着けたベタ足ではなく、体重移動がスムーズにできるように、親指の付け根で踏ん張りながら、かかとが軽く地面に付く感じがベストだ。

ベタ足にならないように注意して大きく楽に構える

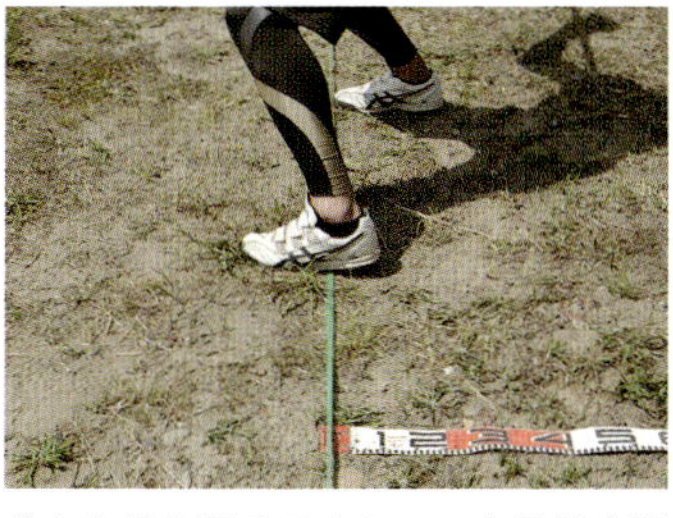

前から見た足のスタンス。左足は右足よりも靴のサイズの半分ほど前に出す

後ろから見た足のスタンス。重心を後ろ側に取るために右膝はやや深く曲げる

並継ぎザオ

継ぎ部分を調節

1 穂先と2番をつなぐ

2 ガイドが一直線になっているかどうか確認

3 元ザオにつなぐ

4 リールシートにリールを取り付ける

5 リールのベールを起こしてガイドに力糸を通す

6 準備完了

一般的な並継ぎザオは穂先、2番、元ザオの3本の部品で構成される。使用するときは、ガイドの位置を合わせながら穂先と2番をつなぎ、元ザオに取り付けられたリールシートを穂先と2番のガイドの位置に合わせて元ザオとつなぐ。順番が逆だとサオがつなぎにくく、トラブルの元になることもあるので注意すること。通常、並継ぎザオの場合は、サオをつないでからリールをセットする。リールとガイドが一直線になるようにサオの継ぎ部分を微調整し、それぞれの部品がきちんと差し込まれていることを確認してからガイドにミチ糸を通すこと。

キャスト前の準備

振り出しザオ
まずリール取り付け

1

サオにリールを付けてすべてのガイドに
力糸を通す

2

サオ先から順にガイド位置を合わせて
サオを伸ばす

3

ガイドが一直線になるように
注意しながらサオを伸ばす

4

遊動ガイドはガイドロックに
しっかりはめ込む

5

サオをすべて伸ばしたら
リールとガイド位置の確認

6

準備完了

振り出しザオは元ザオの中にガイド以外の穂先までの部品が収まっており、すべてを引き出して使用する。並継ぎザオは部品をつないで1本のサオにしてからリールを付けてミチ糸を通すが、振り出しザオはサオを畳んだ状態でまずリールを取り付ける。その後、すべてのガイドにミチ糸を通してオモリや仕掛けをセットし、ガイドの位置を合わせながらサオを伸ばすのが一般的だ。サオを伸ばしてからガイドにミチ糸を通してもいいが、振り出しザオの利便性を生かすなら前者がいいだろう。ガイドロック付きのサオの場合は、ずれないようにガイドをしっかり押し込むこと。

基本キャスト「遠くへ飛ばそう」

腕で投げず体全体で

剛竿を使用して230メートルの飛距離を出した吉田さんのキャスティングフォーム

この写真は、２０１７年10月29日に静岡県磐田市で行われた第39回トップキャスターズトーナメントの第２種目で優勝したＪＳＣＦ北海道に所属する吉田正勝さんの練習時の投てき写真だ。大きく曲がっているサオは、市販のものの中では１、２を争うほど硬い、剛竿と呼ばれるダイワのサンダウナーコンペティションプロトギア45号—３９０Ｓ。このときの飛距離はスポーツキャスティング競技の第２種目に準じてミチ糸３号、オモリ30号を使用して２３０メートル飛んでいる。リールは吉田さんが第2種目で愛用するベイトリールだ。

このサオがここまで大きく曲がると体に掛かる負荷も相当なもので、負荷に負けずにサオを反発させてオモリを遠くに飛ばすには、筋力はもちろんだが練習の繰り返しで作り上げた正しいフォームを身に付ける必要がある。

吉田さんが使用したサオと同じものにダンベルのプレートをぶら下げてみた。静止状態で3・9メートルのサオにオモリをぶら下げるとなると、普段からウエートトレーニングをしている私でも6・25キロが限界だった。吉田さんのようにこのサオを大きく曲げる

静止状態で同じサオにぶら下げたダンベルのプレートは6.25キロで限界

となると、瞬間的にサオに掛かる負荷は10キロほどになるはずだ。キャスティングという一連の動作の中のワンシーンだが、大きな負荷を受ける上半身を下半身がしっかり支え、バランスのいいフォームで硬いサオを反発させているのが分かる。

3枚で6・25キロのダンベルのプレート

▼全身の力でサオを振る

ここで勘違いしやすいのが、25号や30号のオモリを軽いと思ってしまうこと。サオを振ってオモリを遠くに飛ばすとなると、実際に体に掛かる負荷はオモリの何十倍もの重さに膨れ上がる。しかも、サオを速く振るほど負荷は大きくなり、体には大きな負担が掛かることになる。

一般的に物を投げるときは、小さなボールのように腕で投げるという固定観念にとらわれがちだ。しかし、遠投するためには体全体を使わなければならず、大きなバスケットボールを投げる感じに近い。やり投げや砲丸投げ、柔道の背負い投げや一本背負いのようなイメージで全身の力を使ってサオを振ることが大切だ。

垂らしの長さ サオ次第

垂らしの長さとオモリの拾い

並継ぎザオの垂らしの長さはバットガイド付近がいい

サオ先からオモリの先までの力糸やミチ糸、仕掛けを含めた長さを「垂らし」と呼ぶ。垂らしの長さを短くするとサオにオモリの負荷が早く掛かり、長くすると負荷が遅く掛かる。軟らかいサオは短い垂らしでもサオが曲がって負荷を和らげてくれるが、硬いサオは曲がりにくいのでシャープな振りができなくなる。また、硬いサオにいきなり大きな負荷が掛かるとすっぽ抜けや引っ掛け気味になりやすく、安定したキャストができないので注意したい。

垂らしの長さは、サオごとにベストな垂らしの長さを探ることが大切だ。並継ぎザオを使ったセーフティースローはオモリの位置をバットガイド付近にするのが良く、振り出しザオはサオの長さ÷2マイナス20センチ前後が妥当だ。キャスト時にオモリが重く感じられるときやすっぽ抜けやすい場合は垂らしを少しずつ長くし、サオに掛かる負荷が遅れ気味のときは、垂らしを短くしてしっくりくる長さを決める。

基本キャスト
「遠くへ飛ばそう」

「拾い」は重要

サオ先より体側に置く

サオを振り始めたとき、オモリの重さがサオに掛かり始めることを遠投では「拾い」という。セーフティースローではいい拾いができると、構えの段階でサオ先よりも体側に置いたオモリが投げる方向の反対側に進む。オモリに遠心力が働いてサオが進む方向の反対側に力が掛かり、より一層サオを曲げることができるようになる。セーフティースローでオモリを体側に置くのは、遠心力を利用してサオに大きな負荷を掛けるためだ。釣り場ではオモリをサオの延長線上の後ろ側に置く人も見られるが、オモリに遠心力が働かないため負荷が小さく、サオの曲がりも小さくなる。遠投ではオモリの拾いが大切なので、オモリを置く位置に注意すること。

オモリを体側に置くと遠心力が生かせる

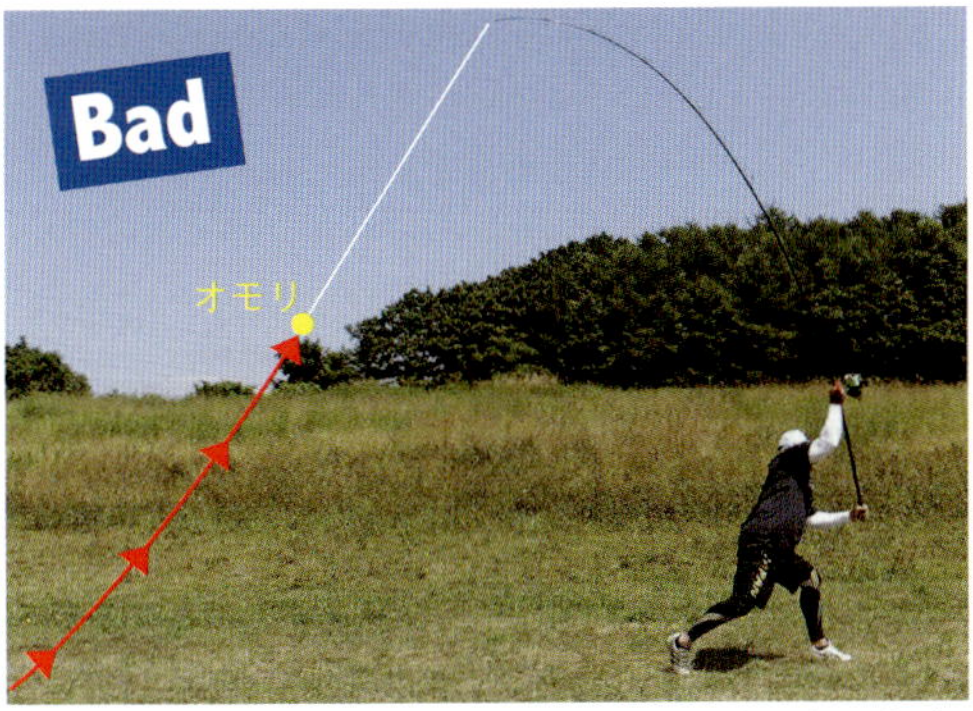

オモリをサオの延長線上の後ろ側に置くと遠心力が半減

Bad 悪い拾い

遠くに飛ばそうとしてサオの振り始めから全身に力を入れると体が突っ込み気味になりやすい。拾いがうまくいかずに遠心力が半減し、体の前側でサオを振ることになる。サオが十分に曲がるころには軸足(右足)が伸びきってしまい、体全体の力を生かせないので飛距離は伸びない。

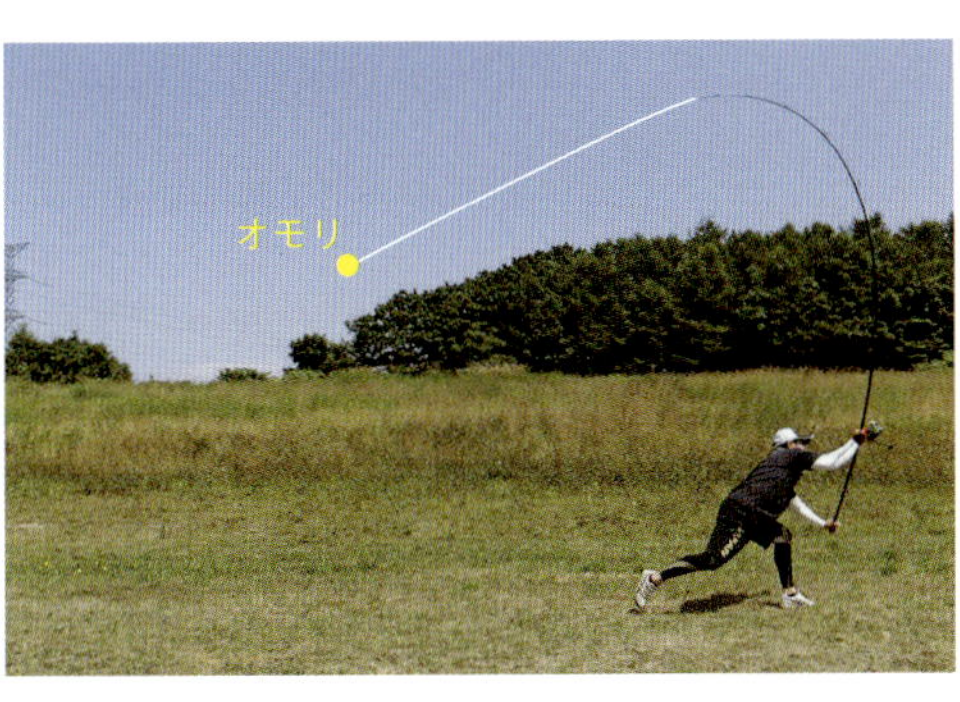

体が突っ込んでしまうと体全体の力が生かせなくなる

セーフティースロー

左足の着地は腰の回転を助けるためにつま先から。まだサオ尻は強く握らない

左足の着地と同時にサオ尻を強く握り、体重移動を開始してサオを振り始める。体重は右足6、左足4

力糸をリリース

サオが大きく揺れてミチ糸の飛び出しを妨げないように右手の力を抜く

体重移動が重要

基本キャスト「遠くへ飛ばそう」

連続写真でセーフティースローを見ると、体重移動がいかに重要かがよく分かる。踏み出す足と大きな負荷をこらえながら蹴り出す足は、どちらもべタ足ではなく、ややつま先寄りに体重が掛かっている。これによってスムーズな腰の回転が生み出され、腕の力ではなく体全体の力を使ってオモリを遠くに飛ばすことができるようになる。

使用しているのはダイワの「サンダウナーコンペティションプロトギア37号-400S」。剛竿と呼んでもいいほど硬いサオだが、流れるように体重移動することで腰の回転が促され、大きく曲がったサオの反発力を十分に生かしたキャストが可能になる。

基本キャスト「遠くへ飛ばそう」

連続写真で見る

左腕を伸ばし右肘が直角よりやや広くなるように構え体重は右足7、左足3の割合。サオ尻は強く握らない

左足を背中側に引きながらやや前方に踏み出してステップの開始

右足の体重をさらに左足に移動しながら腰の回転を意識してサオを振る

右足で地面を強く蹴って腰を投げ方向まで回転させながら右手は押し、左手は引きを意識

勢いよく飛ぶオモリの方向を見定める。右足は蹴りの反動で自然に前に来る

フィニッシュ

軸足（右足）に力をためる

43ページ1の良い例

体の後ろにある重い物を前に投げるイメージでキャストの体勢を作る

高い反発力を持つサオをスムーズに曲げてオモリを遠くへ飛ばすには、体の後ろにある重い物を前に投げるイメージでキャストする必要がある。そのためには体全体を上から押さえ込むように掛かる負荷を下半身でしっかり支えることが大切で、構えの段階ではこの状態に対応できるように軸足（右足）に体重を載せて力をためることが大事だ。

また、軸足（右足）は回転させながらサオを振る方向に蹴り出す必要があるので、ベタ足ではなく親指の付け根付近に体重を載せ、滑らかなステップのために左足も体重の位置は親指の付け根付近にするのがいい。体の力を抜いて力まずに立つが、サオの構え方がその後のキャストに大きな影響を与えることになるので、練習段階では一つ一つ細かくチェックすること。

スムーズに左足に体重移動できるように軸足（右足）に力をためる

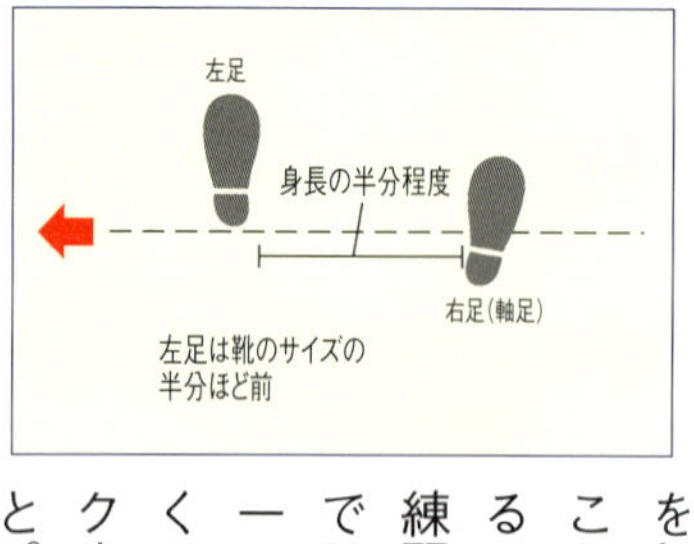

基本キャスト
「遠くへ飛ばそう」

腰の回転生かす

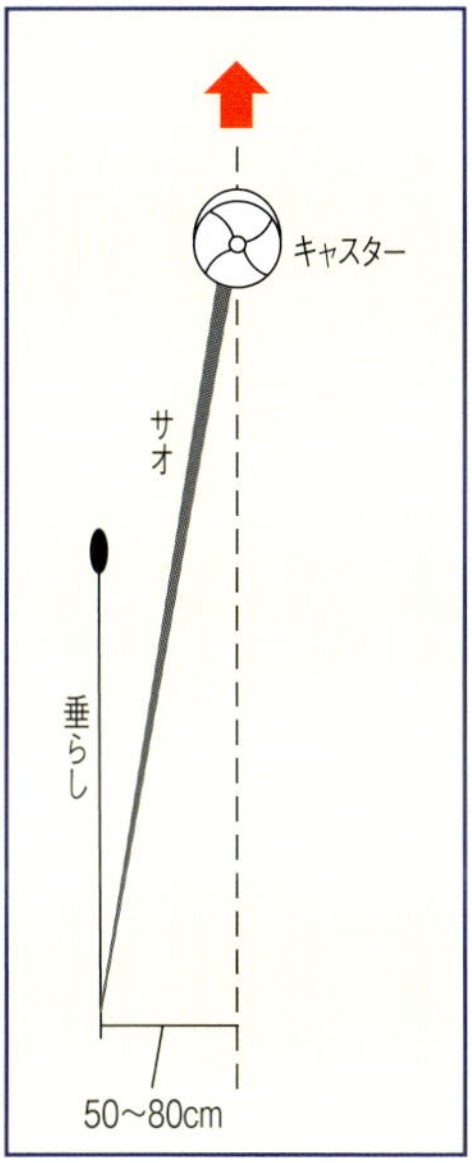

後ろから見ると

腰が正面を向かないように注意して構える

前から見ると

リラックスして立ち、腰を含めた下半身と上半身に力をためる

遠投で大切なのは、オモリの重みをできるだけ早くサオに伝えて負荷を作り出すことだ。それによって曲がり始めたサオに、さらに力を加えて大きく曲げるためには、サオを腕で振らずに体で振るようにすることが重要だ。

従って、腰の回転が生かせるように構えるときには腰が正面を向かないように注意し、サオを胸の真上に大きく構えて体の中心で振れるような態勢を作る。力まずにリラックスして立ち、腰を含めた下半身、上半身に力をためる。

43ページ1の悪い例

右腕が縮んではダメ

右腕が縮んだ構えは、サオの振りが小さくなりがち

この構え方はスポーツキャスティングの経験がない一般の釣り人に多く、釣り場でもよく見かけるが、最も良くないのは右腕が縮んでいること。この状態からサオを振り始めると右手の軌道が低くなるのでサオの振りが小さくなり、キャストの後半では右腕でサオを押し出すようなフォームになりがちだ。しかも、負荷の掛かったサオを腕の力だけで振るのは厳しく、飛距離は伸びない。また、右腕の軌道が低いので左手の位置も低くなり、引き手の力を生かすことも難しくなる。

下半身を見ると、サオを振る際に回転しながら蹴り出す軸足（右足）がベタ足で腰の回転が生かしにくく、ステップする左足のつま先が前方を向いているので、サオを振る前にすでに腰が開き気味になり、腕振りの原因となる。

ステップする左足のつま先が前方を向くと腰が開き、腕振りになりやすい

基本キャスト
「遠くへ飛ばそう」

横振り注意

サオを肩より低い位置に構えると横振りになりやすい

腰が開き気味でサオが体の前にあると、腕振りの横振りになる

サオを肩よりも低い位置にして構えると、サオを振ったときに横振りになってしまう傾向がある。サイドスローと呼ばれる投げ方もあるが構え方がそれとは違い、サオを振り始めるとオモリが作り出す負荷が体の中心から離れた前側に来ることになる。当然、しっかり支えることができなくなり、力糸をリリースするまで強い力でサオを振り続けることはできない。

この構えを前から見ると、サオがいかに体から離れた位置にあるかがよく分かる。サオが胸の上に来る正しいフォームよりも構えたときには体が楽だが、サオを振るために左足をステップするとさらに体からサオが離れてしまう。すでに腰が開き気味なので横振りになりやすく、コントロールも悪くなりやすいので注意すること。

目線はオモリが飛ぶ方向

若干体重を軸足（右足）に移動しながら左足のステップに備える

43ページ❷の良い例

構えの位置からさらに少し膝を曲げ、体全体を沈み込ませて左足のステップに備えるところからキャスティングがスタートする。サオ先とオモリが動かないように注意し、目線はオモリが飛んで行く方向に向ける。リールの向きはサオの軌道上。下半身には力が入り始めるが、上半身は楽にサオを構えたままで、リールフットを持つ右手、サオ尻を握る左手はサオを強く握らないこと。

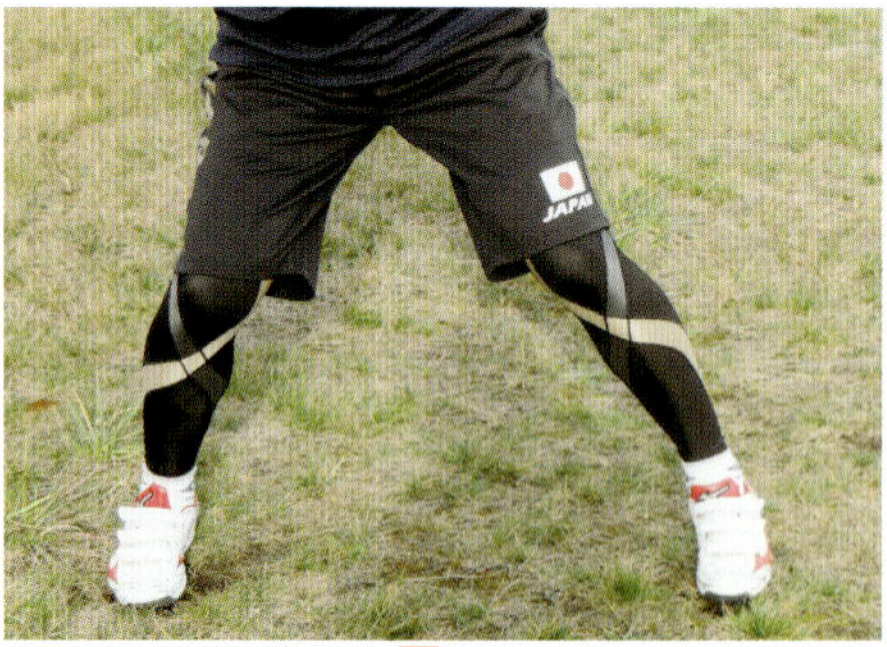

ステップする左足はすり足気味に背中側に引くようにかかとから始動

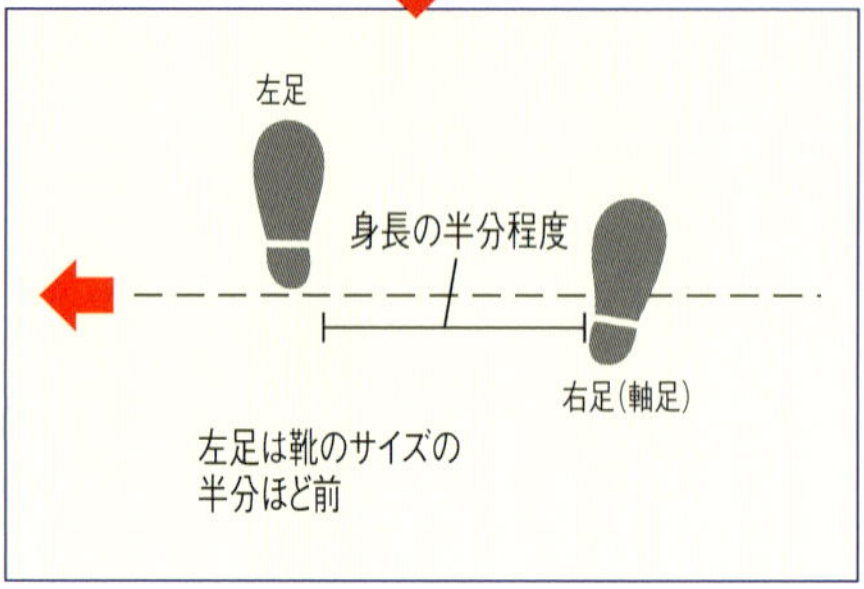

左足はすり足

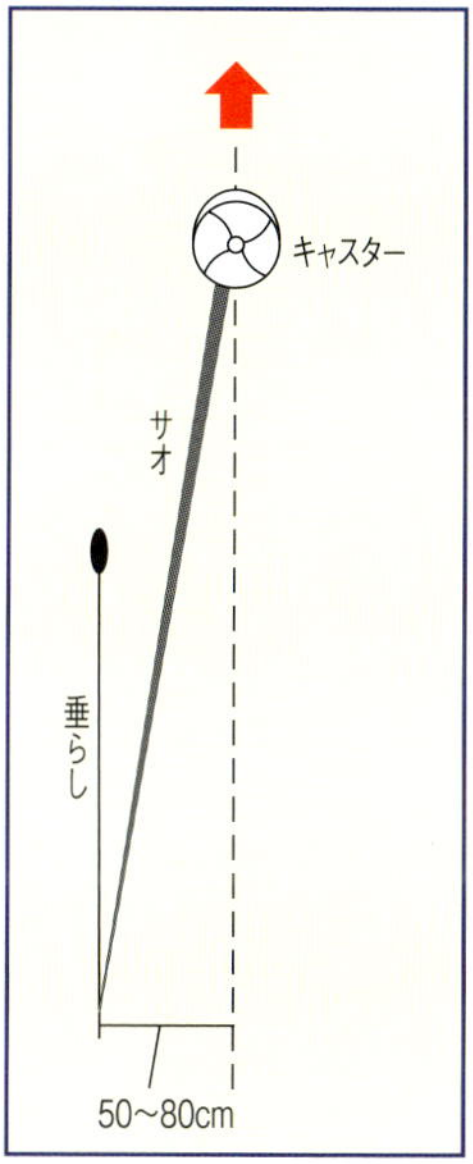

膝を少し曲げて構えの位置よりも体全体を沈み込ませる

サオ先は動かさず目線をオモリの飛ぶ方向に向ける

足に掛かる体重の配分を7対3から若干軸足（右足）側に移動し、ステップする左足をすり足気味にして、背中側に引くようにかかとから始動する。左足を浮かさないようにすることで軸足に重心が移動し過ぎるのを防ぐことができ、かかとから背中側に移動することでつま先の回転が防げ、腰をためておくことができる。ステップを始めてもサオ先は動かさず、上半身はリラックスした状態を保つこと。

左のつま先の向きに注意

43ページ2の悪い例

左足のつま先が投げる方向を向くと、腰が開いてしまう

このフォームを前から見ると、すでに腰が開き気味になっているのが分かる

ステップの始動と同時に左足のつま先が投げる方向を向いているため、軸足（右足）の体重が早めに左足に移り始めている。左足の動きに伴って腰が開いてしまい、この状態でキャストを続けると、腰の回転を生かしながら体全体でサオを振ることができなくなる。体重移動が早めに始まっている上に目線も低く、サオを振り始めると上体が突っ込み気味になりやすい。

基本キャスト「遠くへ飛ばそう」

肘を痛める原因に

軸足に体重を載せ過ぎてベタ足になっている

軸足（右足）はキャストの進行に合わせて地面を蹴るようにしながら回転しなければならないが、体重を載せ過ぎてベタ足になっている。キャスト中に軸足を回転させることは難しく、下半身の力を生かすことが厳しくなる。また、右肘の角度が直角よりもかなり開いているため力を入れにくく、肘を痛める原因になるので注意。

サオが体から離れ過ぎているため横振りになりやすい

サオを体から離して前方に構えているため、負荷が掛かったときに力を入れにくく横振りになりやすい。左足のつま先も開いているため腰の開きが早くなり、サオを振り始めると体の軸から離れた位置に負荷が掛かるため、上半身と下半身のバランスが崩れやすくなる。負荷を体の軸で支えられるようにサオは上体の上に構えるのがいい。

42ページ3の良い例

サオ先はまだ動かさない

Good
オモリ

左足はかかとから背中側に引き、上半身はリラックスして下半身だけでスタート

腰が開かないように注意

左足はかかとから背中側に引き、若干左斜め前のイメージでステップする。このとき、左足を背中側に引いてもできるだけ腰が開かないようにすることが大切で、目線を変えないように心掛け、下半身だけでスタートする。まだサオは強く握らず、上半身は力まずにリラックスした状態を保つ。軸足（右足）はベタ足ではなく親指の付け根の辺りで踏ん張り、左足をステップしても重心がぶれないように注意。サオ先はまだ動かさない。

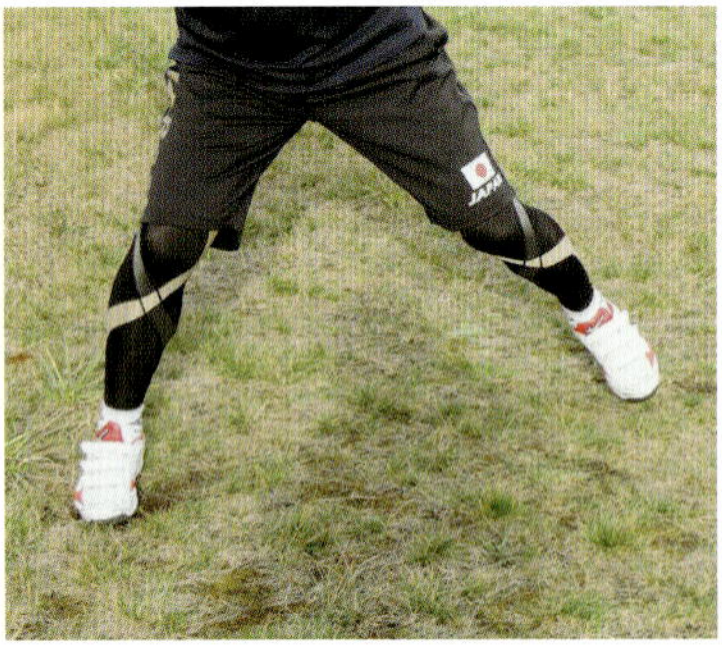

軸足はベタ足ではなく親指の付け根の辺りで踏ん張る

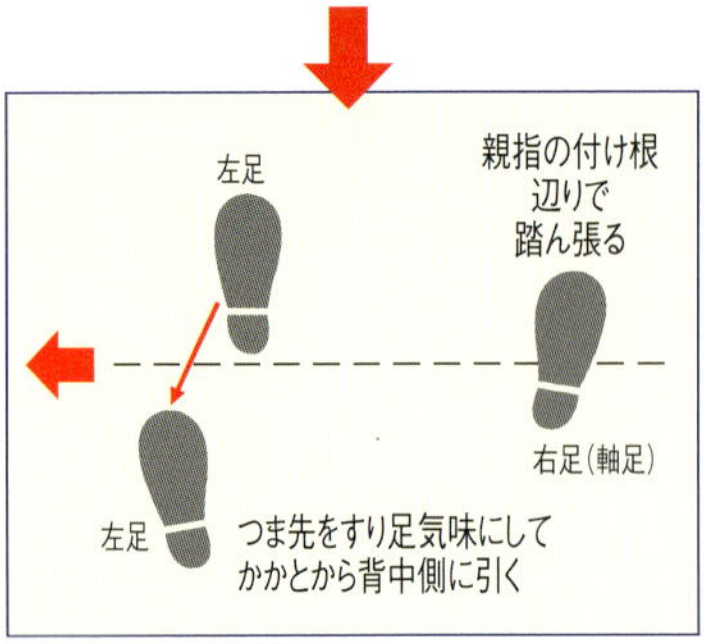
左足
親指の付け根
辺りで
踏ん張る
右足（軸足）
左足
つま先をすり足気味にして
かかとから背中側に引く

基本キャスト「遠くへ飛ばそう」

尻を突き出す

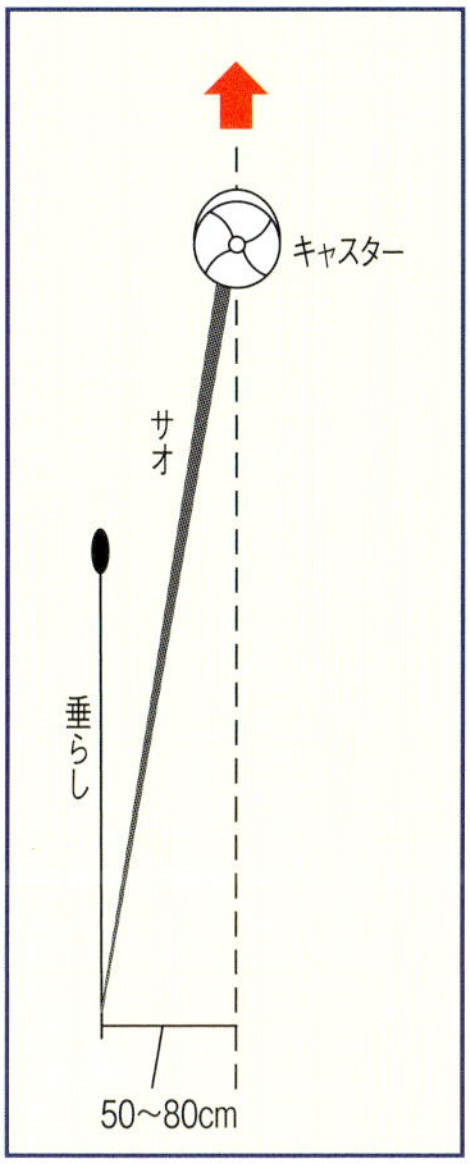

腰を残して左足をステップするには、上半身を前傾してバランスを保つ必要がある

左手の手のひらは開いたままにして上半身に無駄な力は入れない

左足を背中側に引きながら腰が開かないようにステップするためには、上半身を若干前に倒し気味にして、体全体のバランスを取る必要がある。お尻を突き出したようなフォームに見えるのは、やや前傾してバランスを保ちながら腰を残しているからだ。この段階でもまだサオ尻を握る左手の手のひらはほぼ開いたままで、上半身に無駄な力が入っていないことが分かる。

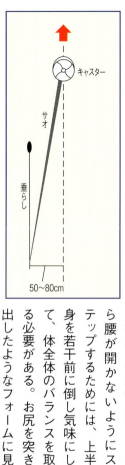

42ページ3の悪い例

左足への体重移動が早い

縮んだ右腕ではサオを大きく振ることができない

左足のつま先を投げる方向に向けてステップしている。この状態では下半身に力をためることができずに軸足（右足）から左足への体重移動が早くなりやすく、突っ込み気味のキャストにつながる。遠投のためには腰の回転が重要なことは何度も書いたが、そのためにはステップの段階で、できるだけ腰が開かないように制約をかける必要がある。左足のつま先の向きは腰の向きと密接な関係にあるので、つま先が投げる方向を向く瞬間をできる限り遅らせることで、この後に来る大きな負荷を遠投に結び付けることができるようになる。

また、右腕が縮んで左腕が伸びてしまっているが、この状態からではサオを大きく振ることができず、右腕の押し、左手の引きを生かすことは難しくなる。

基本キャスト
「遠くへ飛ばそう」

右腕が伸びている

右腕が伸びたままで振りに入ると、横振りになりやすい

右腕が伸びたままでサオを振り始めると、サオの軌道が体の軸より前にいき、横振りになりやすい。負荷が体の軸より前にできてしまうため十分にサオを曲げることができず、大きな負荷が掛かったときには体全体で支えることもできないため、飛距離は伸びない。

サオを低く構えたまま腰を早く開くと、サオが体から離れてしまう

サオを低く構えた状態で左足を左斜め前に踏み出すとサオが体から離れてしまい、横振りになりやすい。サオの振りも小さくなるが、サオを大きく振るには右腕でサオを持ち上げ、左腕でサオを体に引き付ける動きが必要になる。振り始めからフィニッシュまでが一瞬のキャストでは、できる限り無駄な動きを排除することが大切だ。

42ページ4の良い例

前に突っ込まないように

左足を地面に着けると同時に、左手でサオ尻を握る

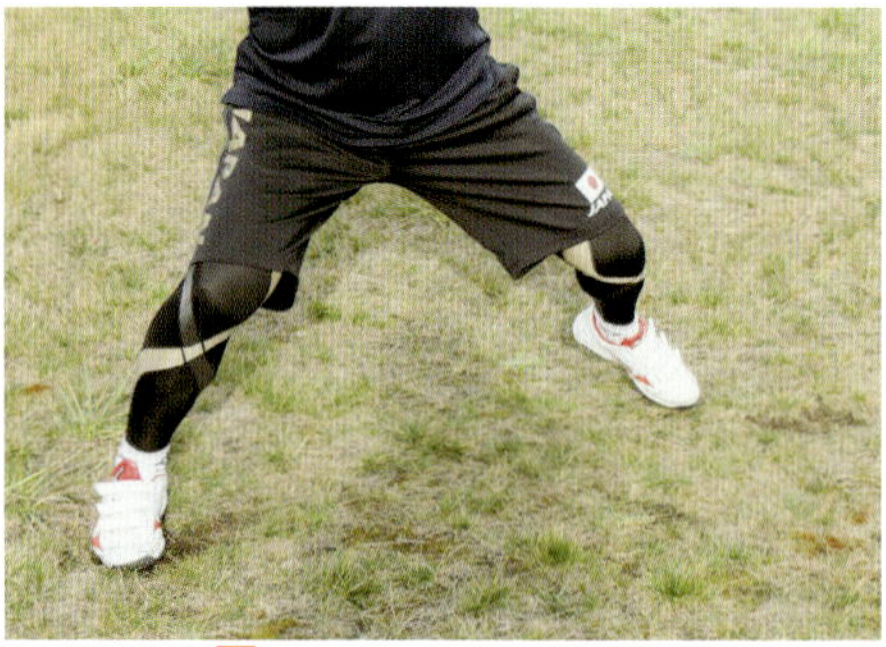

左足は投げる方向に向けるがやや内向きにして腰を意識

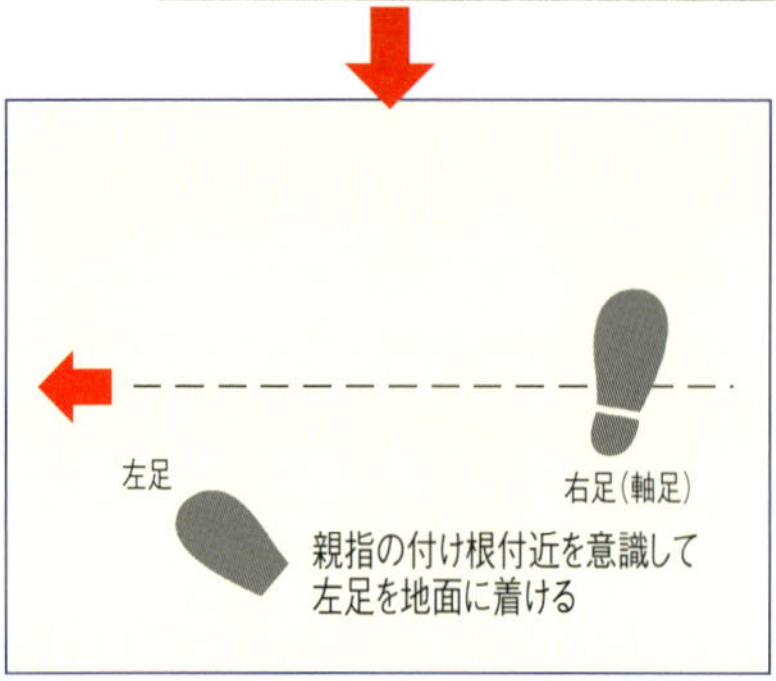

軸足（右足）に体重を残したまま、親指の付け根付近を意識して左足を地面に着ける。位置は構えたときより左斜め前で、つま先は投げる方向に向けるがやや内向きにし、できるだけ腰が前を向かないように注意する。ここで初めて左手でサオ尻を握り、右腕、肩、左腕、上半身を固定したままサオ先を地面から上げてオモリを拾う動作に入る。体が前に突っ込まないように注意し、サオ先はサオが進む軌道上からずれないようにスムーズに上げること。

基本キャスト
「遠くへ飛ばそう」

上半身は動かない

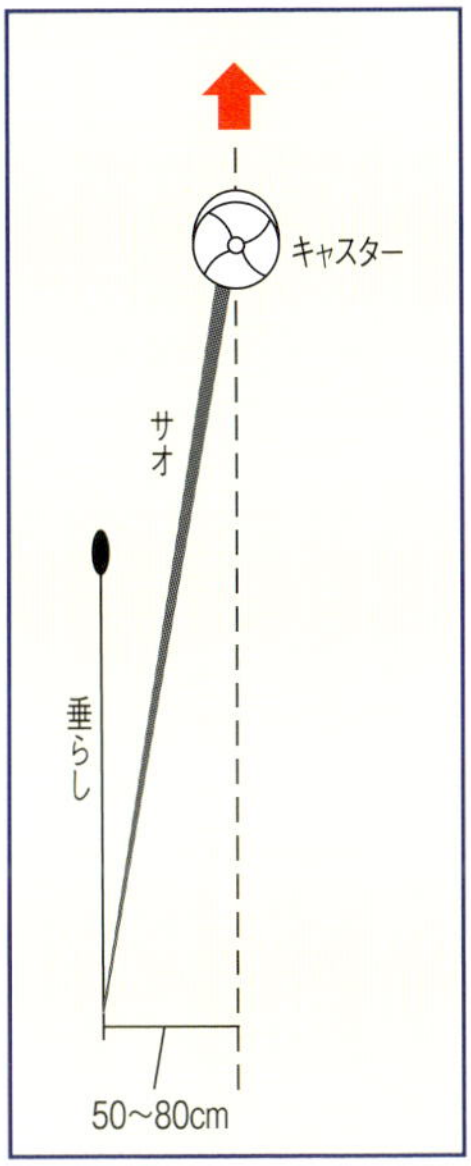

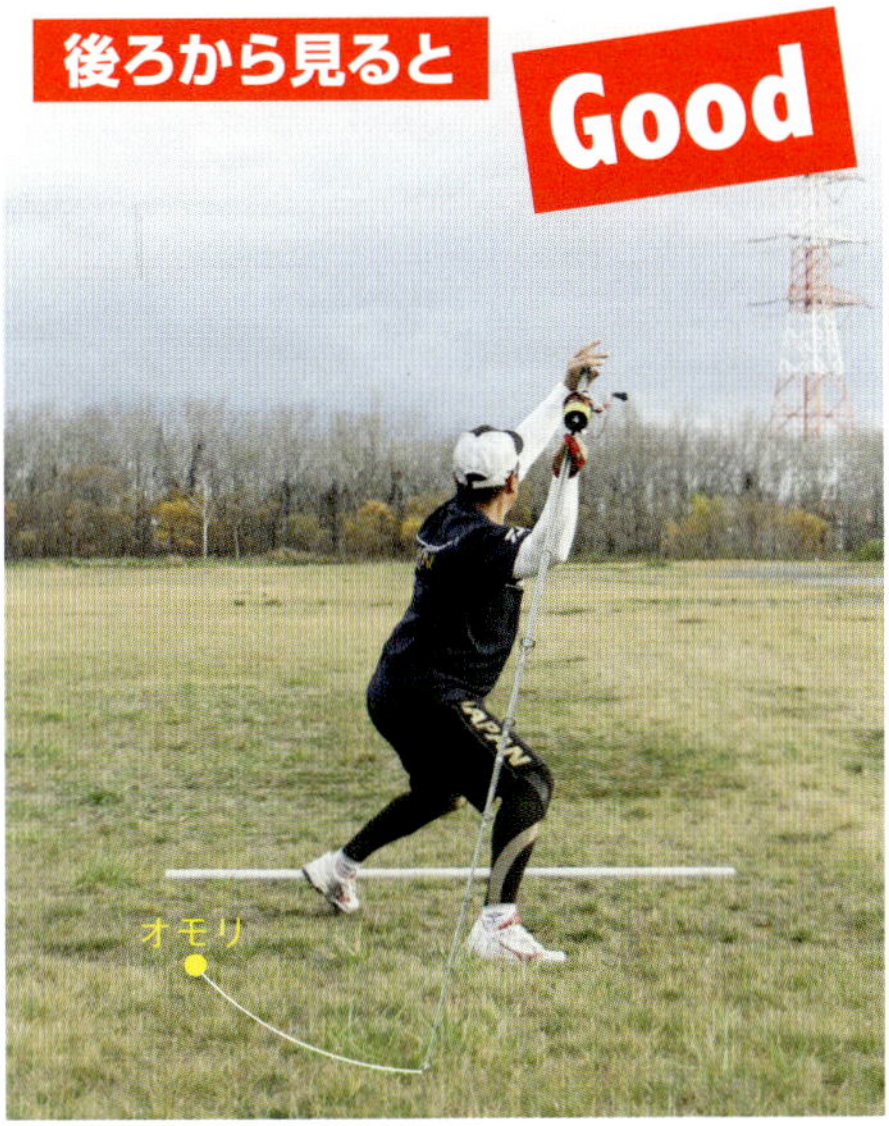

サオ先を上げてオモリの拾いの動作に入る瞬間

つま先をやや内向きにして腰の開きを我慢する

真横から見た写真（56ページ）では左足のつま先が着地しサオ尻を握っているが、前から見た写真は着地寸前、後ろから見た写真は着地直後で、いずれも左手はまだサオ尻を握り込んでいない。つまり前から見た写真、後ろから見た写真、真横から見た写真の順に見れば、ごく短時間での左足と左手の動きが分かる。どの位置から見ても上半身は構えの段階からほぼ動きがなく、セーフティースローは下半身主導でスタートすることを理解してほしい。

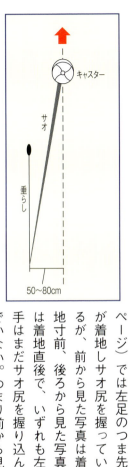

左足のつま先は投げる方向へ向けない

42ページ4の悪い例

Bad

腰の開きによって体重移動が早まると、上半身が突っ込み気味になる

キャストの初期段階でステップした左足のつま先が投げる方向を向いていると、否応なしに腰も開いてしまい体重移動が早まる。このキャストではすでに体重移動が始まっているので上半身がやや突っ込み気味になり、軸足（右足）と上半身がほぼ一直線になってしまっている。このフォームでは、軸足が地面を蹴る力を生かしにくくなっている。

上半身の突っ込みでサオの始動も早まり、グッドキャストに比べると地面とサオ先の幅が大きい。サオを振るという一連の動作の中で真っ先に動くのが左足だが、腰の開き具合は左足のつま先の向きが主導権を握り、それによって体重移動のタイミングが変わってしまうということを意識しよう。

基本キャスト「遠くへ飛ばそう」

右腕と肩に負担

右腕が伸びたままでは右腕と肩の負担が大きく、サオをシャープに振れない

体重を軸足（右足）に残そうとしているが、左足のつま先の向きによって開いた腰の影響で上体が早めに動き出している。右腕が伸びたままの状態でサオの始動が始まっているため、このままでは右腕と肩に大きな負担が掛かり、サオをシャープに振ることは難しくなる。

上半身の向きに比べサオの始動が完全に遅れている

腰が開き、上半身もかなり投げる方向まで回転してしまっているが、サオが体から離れた前側にあるため、横振りキャストになりそうなフォーム。上半身の向きに比べサオの始動が完全に遅れており、ここからサオを斜め上方に振り上げることは難しい。

43ページ5の良い例

親指の付け根で踏ん張る

上半身とサオは固定したまま振りに入る

左足を踏み込み、軸足（右足）で地面を蹴りながら腰を回転させる。軸足の蹴りは腰の回転と体重移動の原動力なので、ベタ足ではなく親指の付け根付近で踏ん張ること。両手でサオをしっかり握り、左足の着地と同時に両足で上半身を持ち上げるイメージでオモリを拾う。腕だけでサオを振ろうとせずに上半身とサオは固定したまま振りに入るが、腰の回転で上半身が自然に投げる方向を向くのでスムーズにサオが振れる。重い物を柔道の背負い投げのように背負う感じでサオを振る。

軸足はつま先の付け根の辺りで踏ん張る

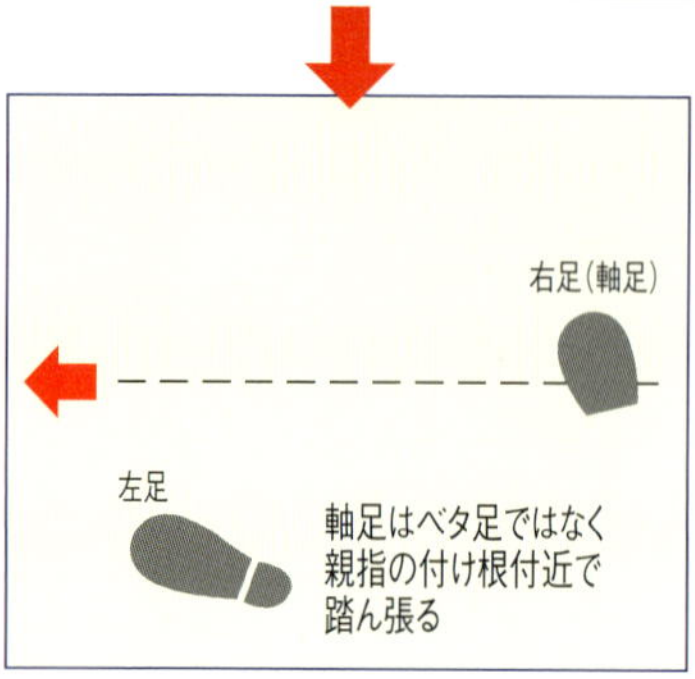

基本キャスト
「遠くへ飛ばそう」

突っ込みを防ぐ

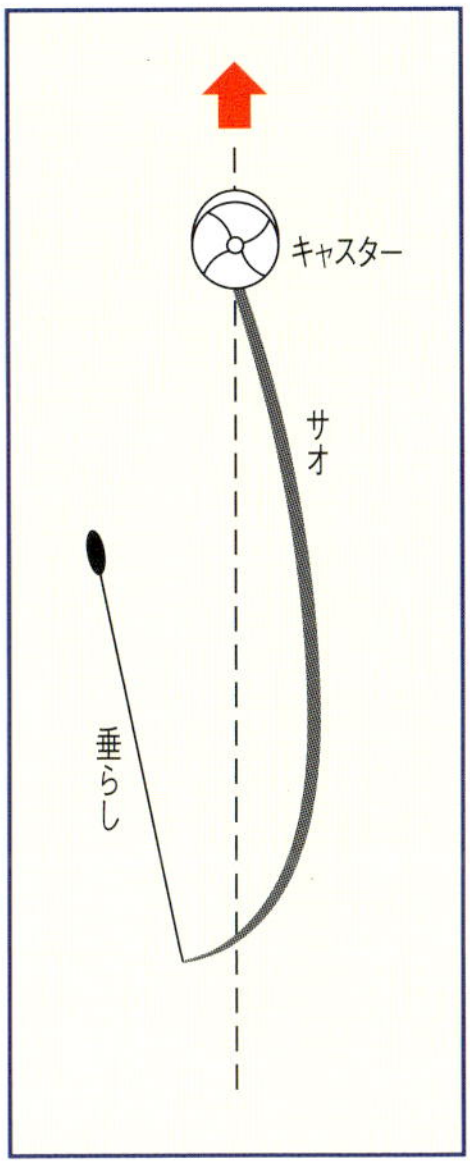

後ろから見た写真では、左足を踏み込んだ状態でも軸足（右足）に体重を残して左足と軸足の体重の割合がほぼ半々になっていることが分かる。上半身の突っ込みを防ぎながらサオを振り始めればオモリの拾いがうまくいき、遠心力が働いて硬いサオを曲げることができる。

また、前から見た写真では左腕と右腕が構えのときの形とあまり変わっていないことが分かる。これが「上半身とサオは固定したままサオを振る」ということだ。

左足と軸足の体重の割合はほぼ半々

左腕と右腕が構えのときの形とあまり変わっていない

右腕だけでサオを押す

右手の軌道が低いと左手も下がり、右腕だけでサオを押す状態になりやすい

43ページ5の悪い例

右肘が体の前にあり右腕が縮まったような構えは、サオを振る前の段階では上半身が楽で構えやすい。

ところが、いざサオを振り始めると右手の軌道が低くなりがちで左手も下がり、オモリを拾った後には右腕だけに一気に負荷が掛かるような状態になりやすい。

人の体は思いがけない力が加わると反射的にこらえようとするので、右腕だけでサオを押してしまい、右手は軽いキャッチボールでもしているかのような低い軌道を描いて硬いサオを曲げるのは厳しくなる。

下半身はまだ軸足（右足）に体重を残そうとしているように見えるが、右腕を強く押し出そうとするために肩に力が入って上半身が突っ込んでしまい、この後に来る大きな負荷を軸足の蹴りで生かすことは難しくなる。

基本キャスト
「遠くへ飛ばそう」

右肘が開く

開いた右肘では負荷を支えられず飛距離は望めない

オモリを拾うと同時にサオから伝わる負荷が右腕に掛かり、開いた右肘のせいで負荷を支えきれなくなる。右肩の負担も大きく、サオを体の中心に引き付けることは難しくなり、サオを速く振ることはできない。大きな負荷を支えられる体勢ではなく、飛距離は望めない。

負荷が体の中心の前側にあり、下半身の力は生かせない

上半身と下半身はキャストの後半近くまで来ているように見えるが、サオは振り上がったばかり。拾ったオモリの負荷は完全に体の前側にあるためサオを引き付けることはできず、腕だけで横振りするしかない状態になった。下半身の力はまったく生かせず、もはやただ投げるだけだ。

43ページ6の良い例

渾身の力でサオを振る

Good

身体全体で重い物を背負うイメージでサオを振る

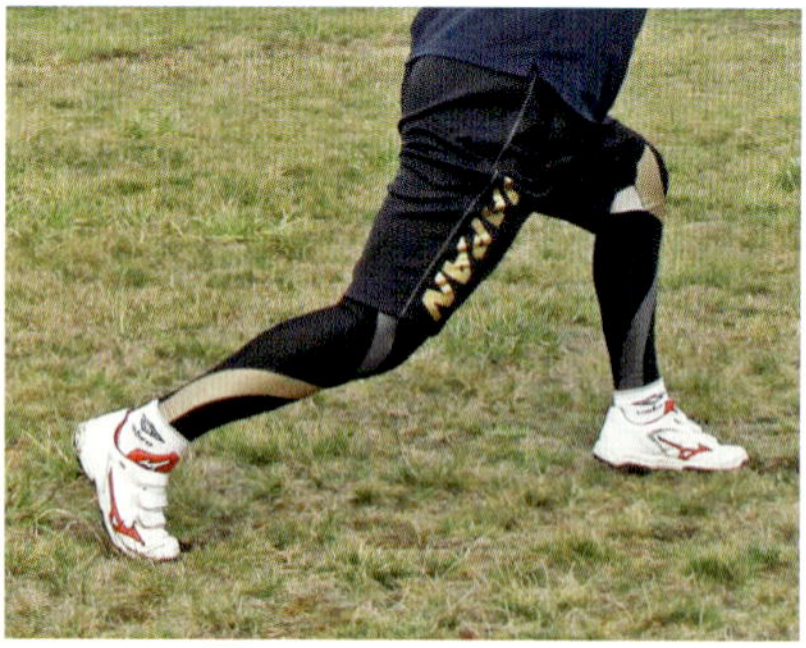

左足で壁を作るようにして上半身が前に行き過ぎないようにする

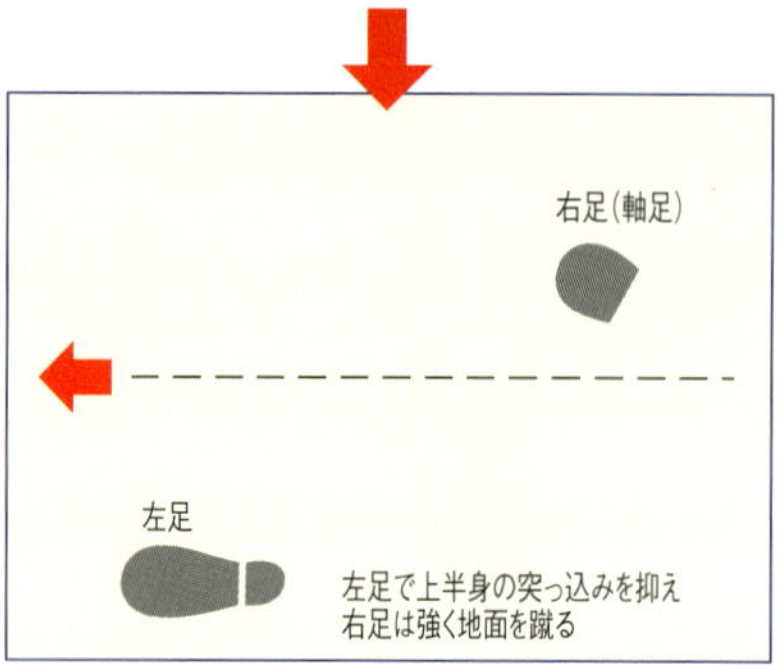
右足(軸足)
左足
左足で上半身の突っ込みを抑え
右足は強く地面を蹴る

上半身が前に行き過ぎないように左足でこらえながらサオを振るが、大きな負荷で上半身の突っ込みが抑えられるので、思い切って渾身《こんしん》の力を込めてサオを振る。野球のボールを投げるようにサオを振るのではなく、身体全体で重い物を背負うイメージが大切だ。右手、右腕は肩を固定して押し上げ、サオ尻は左手ではなく左肩を使って左腕で引くようにする。左肘が直角より小さくなると左手だけでサオ尻を引くことになり、サオの曲がりを最後まで維持できなくなるので注意。

押し上げるように

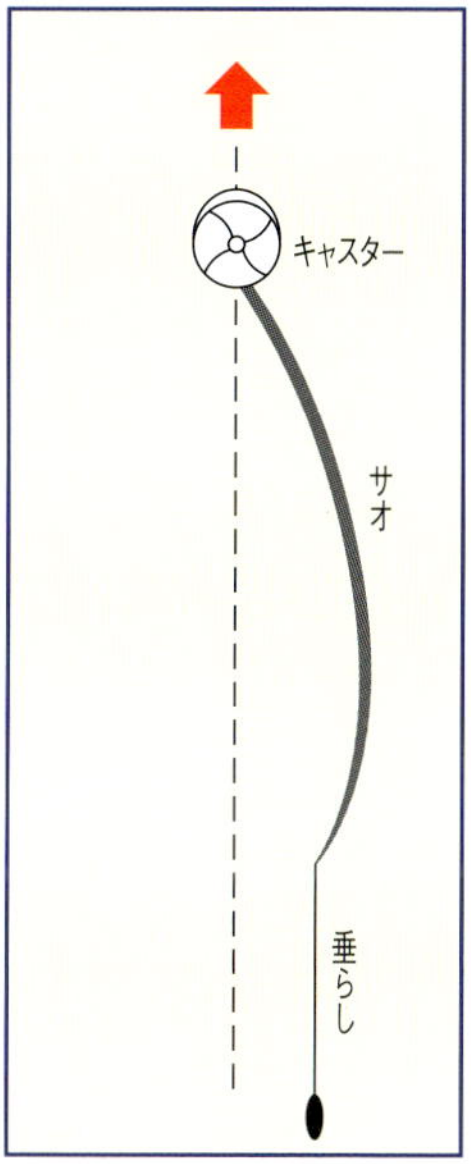

右手と右腕は肩を固定して押し上げるようにする

引き手の左肘は直角以上の角度を保つ

後ろから見ると、上半身が突っ込まないように左足でこらえていることが分かる。軸足（右足）は腰と上半身の回転を生み出すために地面を強く蹴っている。右手と右腕は野球のボールを投げるように振り下ろすのではなく、押し上げるようにする。

前から見た写真では、左足の踏ん張りがさらによく分かる。引き手の左肘は直角以上の角度を保ち、サオ尻は左手ではなく左肩を使って左腕で引く。

43ページ6の悪い例

左手と左腕が低すぎ

左手、左腕の位置が低すぎてサオ尻の強い引きは無理

セーフティースローは、サオの振り始めから振り終わりまで1秒ほどで完結する。サオを振っている途中でフォームを修正することは不可能で、それだけに構えの形が非常に大切だ。

右肘を体の前に出して右腕が縮まった構えからでは多くの場合、右手の軌道が低くなって左手が下がり、右腕と右肩でサオを押すようなフォームになる。硬いサオを最後まで曲げながら維持し続けるのは厳しく、ときにはいったん曲がったサオが返り始めてしまうこともある。左手と左腕によるサオ尻の強い引きはこの低い位置からではほぼ無理で、オモリを前に飛ばすのが精いっぱいになる。

体全体が投げる方向を向いてしまっているので、この後に軸足（右足）で地面を強く蹴ってもキャストにはほとんど意味がない。

基本キャスト
「遠くへ飛ばそう」

サオ運んでいるだけ

一見、左手と左腕はいい位置にありそうに見えるが、ほとんど負荷が掛からず曲がっていないサオを、上半身を傾けて前に運んでいるだけ。軸足（右足）の蹴りでもう少し腰を回転させたいところだが、上半身と下半身がバラバラなのでうまく生かすことができない状況だ。

曲がっていないサオを上半身で前に運んでいるだけ

完全な手振りの横振り。体の中心の前側に負荷がある状態をとりあえず腕の力で投げる方向まで持ってきただけで、最もサオが曲がっていなければならない瞬間だが力強さがなく、サオが返り始めている。軸足（右足）はすでに地面から浮き上がってしまい、最後の一押しがほしいところで蹴りが生かせなくなっている。

力強さがなくサオが返り始め、軸足が浮いて蹴りも生かせない

曲がったサオを素直に返す

基本キャスト「遠くへ飛ばそう」

42ページ7の良い例

Good

サオが返ろうとする瞬間に自然に指から力糸を離す

左足で踏ん張って上半身が突っ込み過ぎないようにする

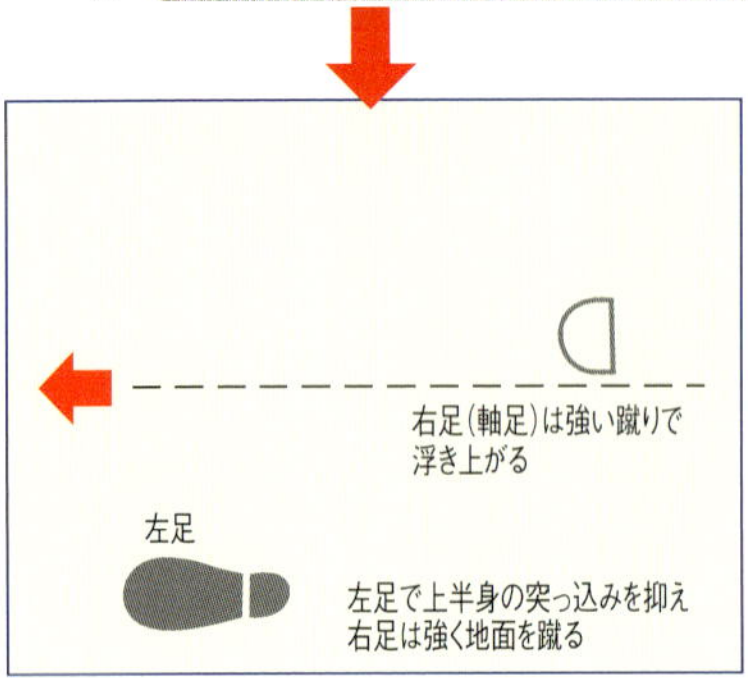
右足(軸足)は強い蹴りで浮き上がる
左足
左足で上半身の突っ込みを抑え右足は強く地面を蹴る

大きな負荷をこらえてこの位置までサオを振れればキャストのフィニッシュは目前。上半身が前に突っ込み過ぎないようにステップした左足で踏ん張り、サオを右手で押し出しながら最大に曲がったサオが素直に返るようにする。これ以上サオを振ろうとしても返るサオを振ることになり、飛距離が伸びないばかりか、トラブルの原因にもなるので注意すること。サオが返ろうとする瞬間に自然に指から力糸を離すが、一瞬のことなのでタイミングは練習によってつかむしかない。

基本キャスト
「遠くへ飛ばそう」

最後まで押し出す

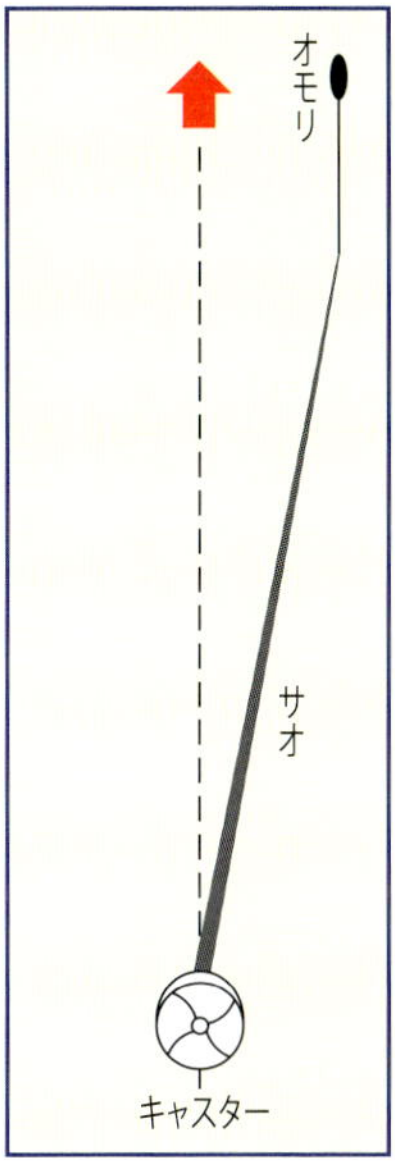

力糸を離す瞬間までサオに力を加え続ける

右手の押し出しの強さと左足の踏ん張りに注目

このときのフォームを後ろから見ると、強く地面を蹴った軸足（右足）が勢い余って跳ね上がっているのが分かる。左足で上半身の突っ込みは押さえられているので、軸足（右足）の蹴りと右手の押し出しが最後までサオに力を加え続けたことが見て取れる。

前から見ると右手の押し出しの強さと、左足の突っ込み防止のための踏ん張りがよく分かる。キャスティングは、全身の力を要所に生かすことで完結する。

42ページ7の悪い例

オモリの飛距離が出ない

腕力だけでは遠投用の硬いサオは大きく曲がらない

低い位置にある左手と伸びきった左腕ではサオを強く引くことができない。右腕でサオを押し出すしか手段がないが、負荷が掛かって重く感じられるフィニッシュ直前のサオを右腕だけで強く押し出すのは厳しく、こらえきれずに力糸から指を離してしまっている。上半身、下半身ともフォームからは力強さが感じられず、どうにか投げたという状態だ。

軸足（右足）も地面を強く蹴ったというより、上半身の突っ込みで軽く持ち上がってしまったというだけだ。結果的には硬い遠投用のサオを腕力だけで振ってしまっているので、大きなサオの曲がりは得られない。両手、両腕の軌道が低くサオの上に覆いかぶさるようなフォームは、オモリがライナーになりやすく飛距離が出ないので注意。

基本キャスト「遠くへ飛ばそう」 サオの負荷維持できず

サオは返ってしまっているが、人さし指は力糸をつかんで右手と右腕で無意味にサオを押そうとしている。フォームからすればキャストは最終盤なのだが、サオが遅れ気味。力糸を離すタイミングを逃しており、オモリが飛ぶ高さと方向はコントロールできないはずだ。

フォームからするとサオの振りが遅れ気味

この写真だけを見ればキャストが終わったところだが、サオを体の前側に離した構えからの横振りキャストなので、左手と左腕が体の左側に離れた状態で終わっている。つまり、曲がったサオの負荷を体の中心から離れた位置で維持し続けることができず、サオの返りが早いので、とりあえず帳尻を合わせただけだ。

サオの負荷を維持できず帳尻合わせのキャストになった

42ページ8の良い例

サオのブレ収束させる

Good

飛んで行くオモリの角度にサオの角度を合わせる

下半身はそれまでのキャストの流れに任せた動き

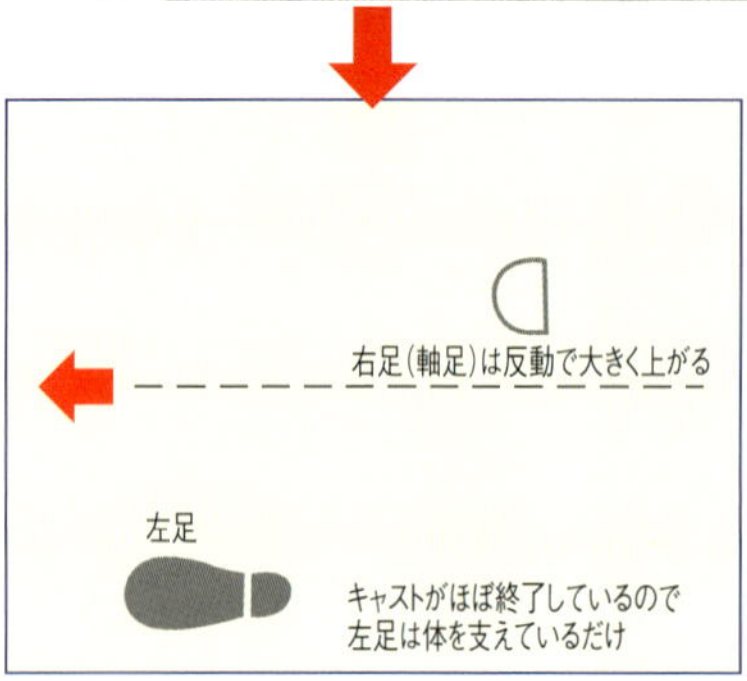
右足(軸足)は反動で大きく上がる
左足
キャストがほぼ終了しているので
左足は体を支えているだけ

力糸を離したタイミングで、飛んで行くオモリの角度や方向を確認する。サオをオモリが飛ぶ角度に合わせミチ糸が通るガイドの抵抗を減らすためで、これによってミチ糸がスムーズに放出されるようになる。オモリが確認できない場合は、放出されるミチ糸の角度や方向でオモリの飛んで行く方向をチェックする。

このときに大切なのは、左手でしっかりサオ尻を握ってサオを支え、右手の力を抜くこと。サオの反発によるブレを素早く収束させることで飛距離を伸ばすことができるからだ。

基本キャスト
「遠くへ飛ばそう」

オモリの方向確認

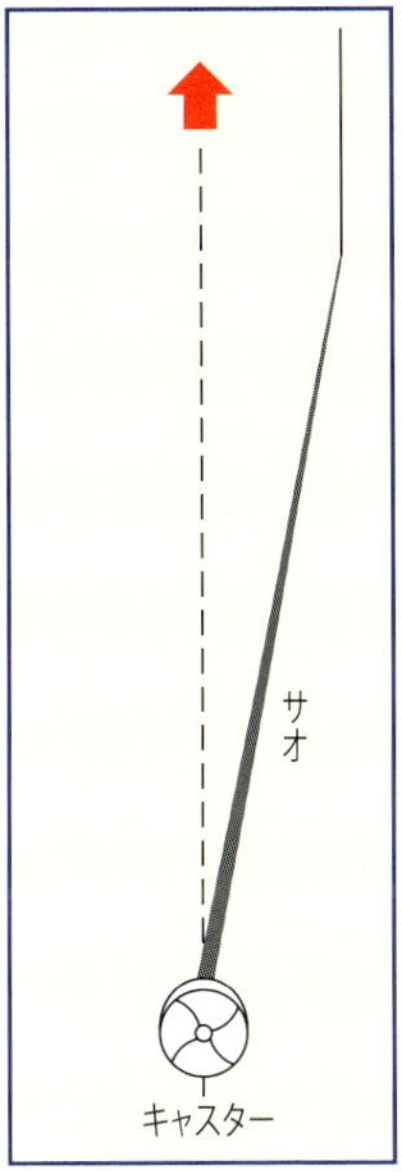

軸足が大きく上がっているのは地面を蹴り続けた反動

顔を上向きにしてオモリが飛ぶ方向を確認

　力糸を離すまで上半身が突っ込まずにいられたのは、左足の踏ん張りが効いたから。軸足（右足）が大きく上がっているのは、上半身を支えながら腰の回転のために強く地面を蹴り続けた反動だ。

　前からの写真では、飛んで行くオモリの方向を確認している様子が見て取れる。サオの角度をオモリが飛ぶ角度に合わせてスムーズにラインを放出させるためで、これによって飛距離を伸ばすことができるので最後まで気を抜かないこと。

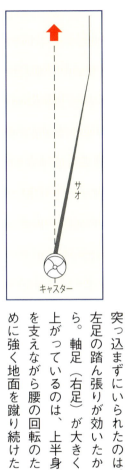

42 ページ8の悪い例

力強さが感じられない

全身を使った力強いキャストのフィニッシュには見えない

オモリが飛んで行く方向を見定め、ガイドに対するミチ糸の抵抗を軽減するためにサオの角度を調節している。しかし、ここに至るまでの右手、右腕で押し出すような投てきフォームでは、オモリはライナー性の低い弾道で勢いなく飛んでいく。この段階ではキャストが終わってしまっているのでサオの角度調節以外にできることはほとんどなく、サオのブレをできるだけ早く収束させるために右手、右腕の力を抜くだけだ。

軸足（右足）は上半身の突っ込みの反動で自然に前に運ばれているが、強い蹴りができていれば左足の横かそれよりも前にあるはずだ。全身の力でサオを振ったというよりは、どうにか振り終えたというような、力強さを感じられないフィニッシュ。

振りが遅れ気味

力糸を離すタイミングも遅れた

右肘が伸びた構えからのキャストだったので右腕に力が入れにくく、全体的にサオの振りが遅れ気味で力糸を離すタイミングも遅れた。体の軸から外れた所に掛かった負荷を腕力で何とか前に運んだが、最後まで体の軸の上でサオを振ることができずにフィニッシュ。

サオをオモリが飛ぶ方向に合わせただけ

横振りのキャストは体から離れた位置に負荷が掛かり、体自体が振り回されるような状態でサオを振り続けることになる。正しいフォームであれば、自分で作り出した負荷は体全体の力で返すことができる。だが、負荷が体の中心から外れてしまうとそれができなくなるという典型的な例で、最後はサオをオモリが飛ぶ方向に合わせただけだ。

右足で体の勢い止める

43ページ9の良い例

Good

オモリの落下に合わせてサオの角度を少しずつ下げる

右足で前に行こうとする体の勢いを止める

強い蹴りと腰の回転、力強くサオを振った反動で体が投てき方向へ行こうとするが、左足でバランスを取って体を支えながらその勢いを右足で止める。左手でサオ尻をしっかり握ったまま、放出されるミチ糸のガイド抵抗を減らすために、オモリの落下に合わせてサオの角度を少しずつ下げる。完全に落下するまでオモリからは目を離さないこと。

右手はサオが離れない程度に力を抜き、瞬時にサオ尻方向にサオをなでるようにしてリールのすぐ下辺りに持ち替えるとサオのブレが早く収まる。

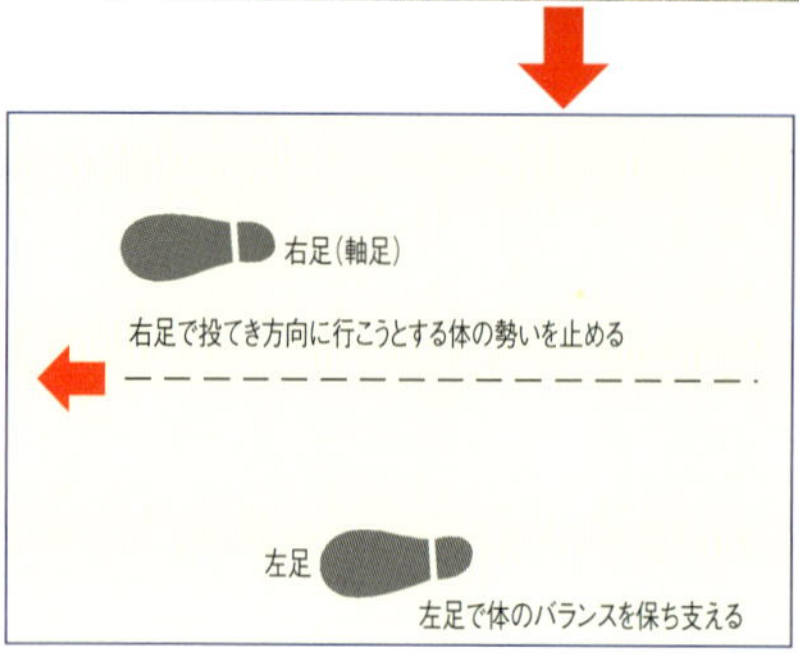
右足(軸足)
右足で投てき方向に行こうとする体の勢いを止める
左足
左足で体のバランスを保ち支える

基本キャスト
「遠くへ飛ばそう」

左足で体支える

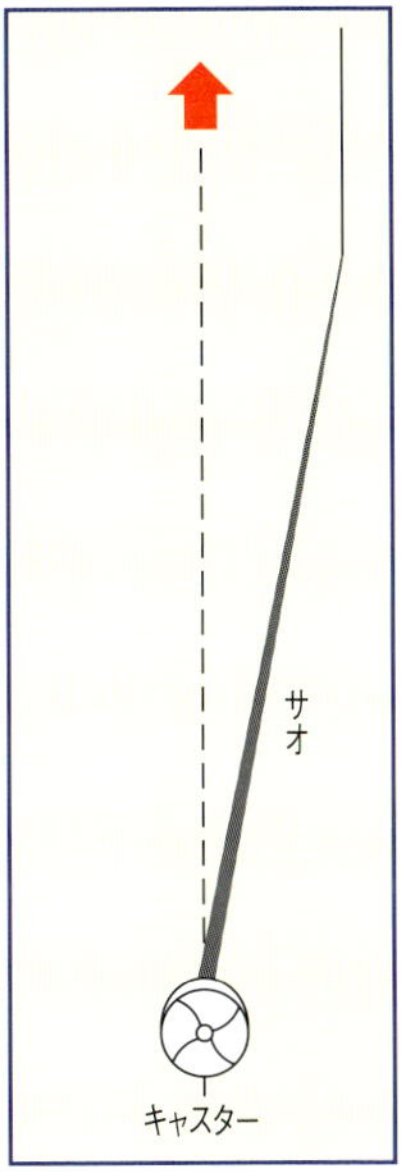

バランスが崩れそうになった体は左足で支える

後ろから見ると

サオの角度調節のために目はオモリを追い続ける

前から見ると

後ろから見るとバランスが崩れそうになった体を左足で支え、右足で体が前に行くのを止めている様子が分かる。キャスト自体はほぼ完結しているが、大きな負荷が抜けた瞬間の体は意外に不安定なので要注意。

前からの写真は、右足が投てき方向に勢いよく出てくる瞬間を捉えたもの。飛距離を伸ばすにはサオの角度調節が必要なので目はオモリを追い続け、負荷から解放されて前に行こうとする体は右足の着地で止める。

43ページ9の悪い例

右手は素早く力を抜こう

サオを振り終えたら素早く右手の力を抜く必要がある

キャストが完了してサオの角度の調節もできているように見えるが、一つ前の写真と比べると上半身にはほとんど変化がないのが分かる。左手でサオ尻をしっかり握っているが、サオのブレを素早く収束するために力を抜くべき右手もサオを振り終えたときと同じ状態。振り終えたサオが上下に揺れを繰り返すブレが収まりにくく、放出されるミチ糸をたたき続けて飛距離に影響することになる。

右足は自然な流れでいくらか体の前に出てきているが、体全体で背負うほどの重みをこらえて地面を蹴った反動にしては勢いがなく幅が小さい。体全体が突っ立ったような状態でキャストが終わるのは、硬い遠投用のサオが大きく曲がるほどの負荷を作り出せなかったからで、当然、飛距離の伸びは期待薄だ。

基本キャスト「遠くへ飛ばそう」

ブレ収められず

サオ尻を握る左手、リールフットを握る右手とも、サオを振り終えてもガッチリ握ったまま。右肘を伸ばした状態からサオを振り始めたので、後半はサオが返って飛距離が期待できない状態だったが、サオのブレを収束させないとさらに飛距離が落ちることになる。

サオをガッチリ握ったままではサオのブレは収まらない

サオ尻をしっかり握るべき左手を離してしまい、リールのベールを戻す用意をしている。本来なら力を抜くべき右手でサオを支えるしかなく、サオのブレが収まるのが遅れて飛距離は伸びない。目線が上なのでオモリはまだ飛んでいるはずだが、サオのブレを収めることを忘れている。

サオ尻を握る左手を早く離すとサオのブレの収まりが遅れる

力を抜いてリラックス

基本キャスト「遠くへ飛ばそう」

43ページ10の良い例

オモリが落下し終えたらベールを戻す

体の動きを止めたら力を抜いてリラックス

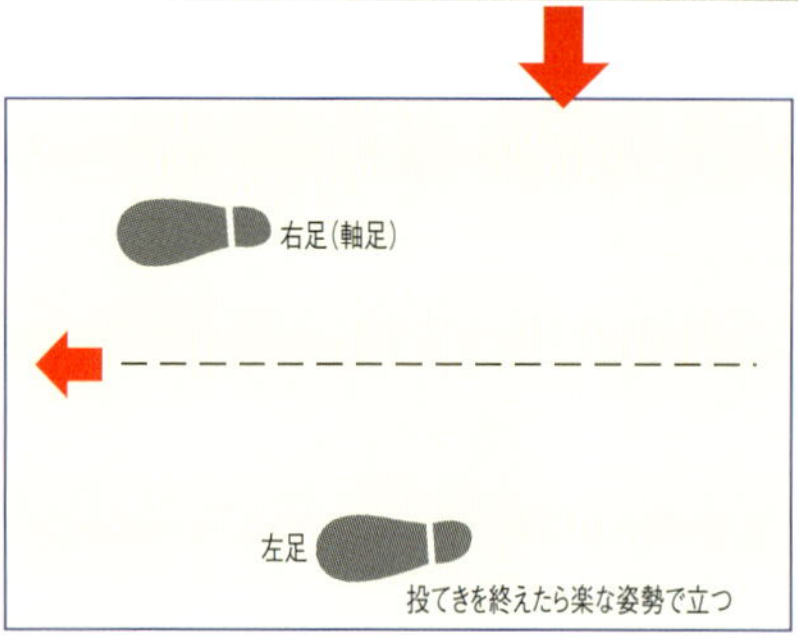

両足で前に行こうとする体の動きを止めたら体の力を抜いてリラックス。オモリを目で追いながらミチ糸が放出されやすいように徐々にサオを下げ、オモリが落下し終えたら左手（左利きの場合は右手）でリールのベールを戻す。オモリを見失った場合は、リールから放出されるミチ糸の出具合で確認する。セーフティースローは、キャスト後の体の姿勢や足の位置などを自分で確認し、オモリの飛ぶ方向や高さなどと照らし合わせてフォームを修正することで、より安全で正確なキャストが可能になる。

基本キャスト
「遠くへ飛ばそう」

サオの角度修正

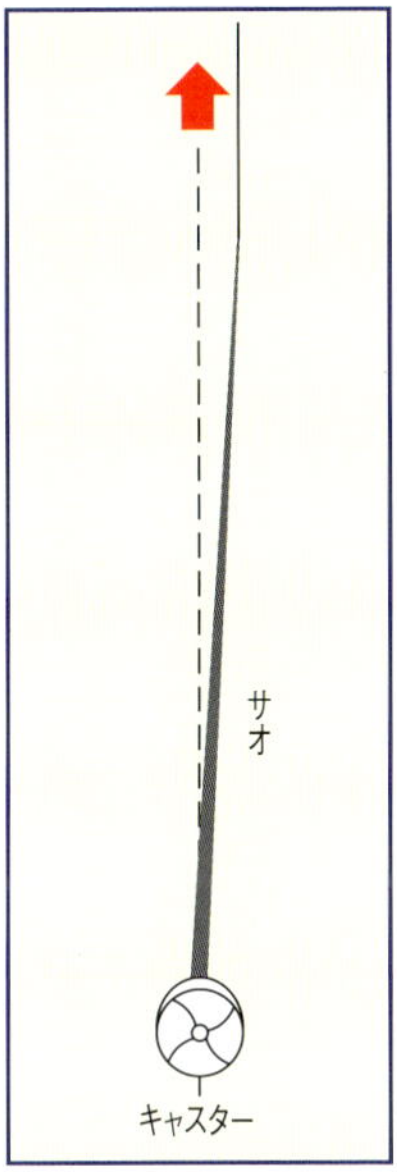

体の勢いを止めた直後はまだ腰の位置が低い

サオの角度や向きを合わせるためサオ尻はおなかの中央付近

後ろから見た写真は、キャストの勢いで前に行こうとする体を止めた直後で腰の位置が低いが、この後、体の力を抜いてサオの角度を修正しながら曲がった膝を伸ばして楽な姿勢を取る。

前から見た写真もほぼ同じ瞬間。おなかの中央付近にサオ尻があるのはサオの角度や向きをより正確にオモリが飛ぶ方向に合わせるためで、体の力を抜いた状態でも飛距離を伸ばすために最後まで気は抜かない。

43ページ10の悪い例

上半身突っ込み気味

サオの角度が振り終わりと同じでは飛距離が伸びない

オモリが飛んでいるうちにサオ尻を離した左手がベールを戻すためにリール近くまで進んでいるが、ベールを戻すのはオモリが完全に落下してからでいい。サオの角度も一つ前の写真から変化がなく、オモリの落下に合わせてサオの角度を変えなければ飛距離の伸びは望めない。

このキャストは、構えの段階で右腕が縮んだ状態から始まった。左足のステップではつま先が投げる方向を向いてしまい、腰の開きが早くなってしまった。上半身は突っ込み気味で、右手の軌道が低い振りの小さなキャストになり、左手が下がって引き手が生かせなくなってしまった。サオを振り始めると途中で修正が効かないセーフティースローは、サオを構えたときの右肘の位置や角度に十分注意する必要がある。

基本キャスト
「遠くへ飛ばそう」

肘や肩を痛める

右手と左手でサオをガッチリ握ったままキャストが終わり、サオのブレでオモリの最後のひと伸びは期待薄。右肘がかなり開いた構えからサオを振り始めたため肘と肩の負担が大きく、サオを大きく曲げることができないばかりか、ときには肘や肩を痛めるので注意。

サオのブレでオモリのひと伸びは期待薄

サオを体の前側に構えた横振りキャストだったが、何とか振り終えた。セーフティースローは、体を真上から押しつぶすようなオモリが作る負荷を、背負い投げのように体全体の力で跳ね返す投げ方。体の軸から遠い位置に負荷が出来上がっても横振りでは硬いサオを大きく曲げることはできない。

横振りではサオは曲がらない

ベタ足にならないように

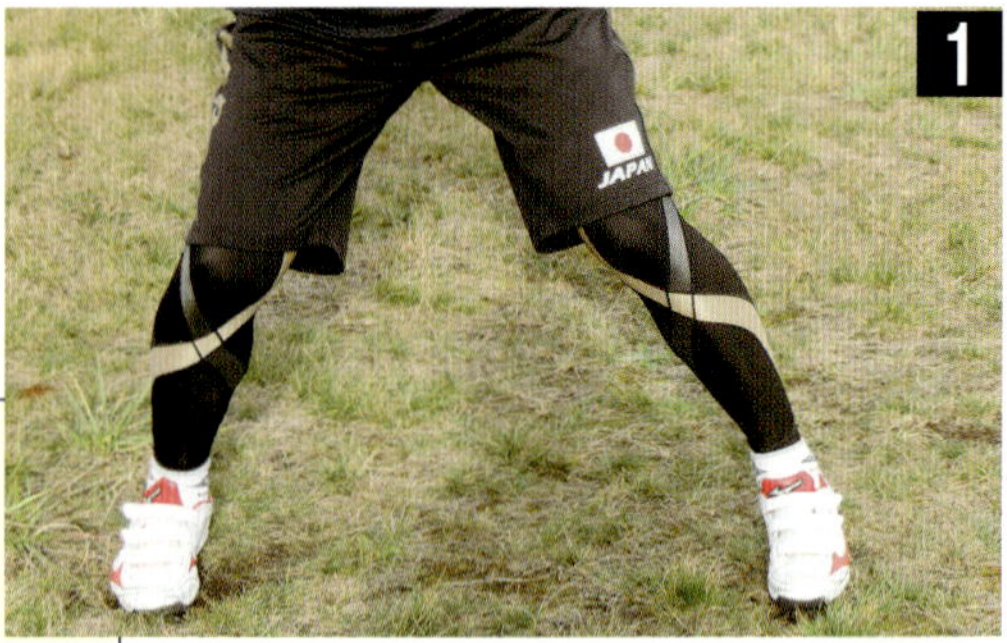
1

両足の間隔は身長の半分程度で
体重は親指の付け根辺り

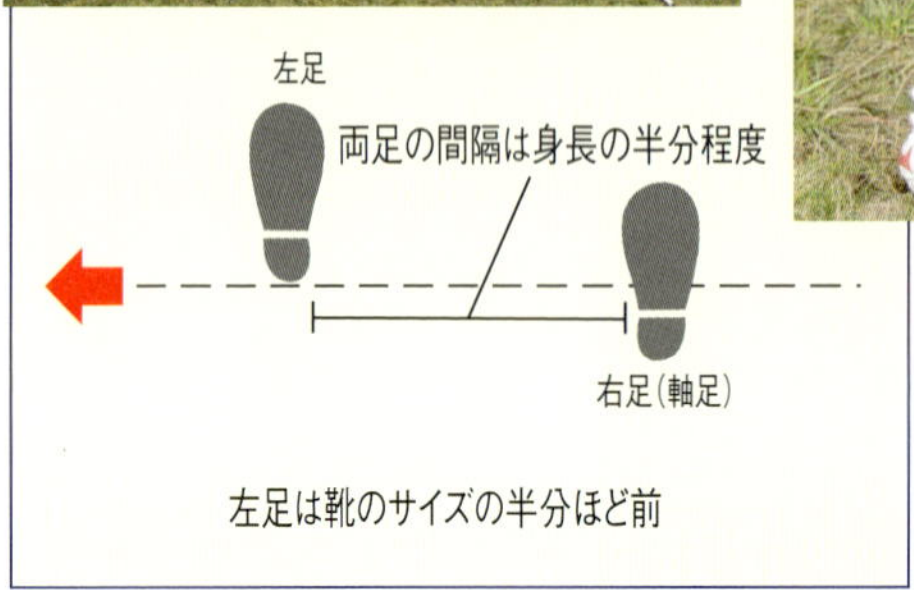
左足
両足の間隔は身長の半分程度
右足(軸足)
左足は靴のサイズの半分ほど前

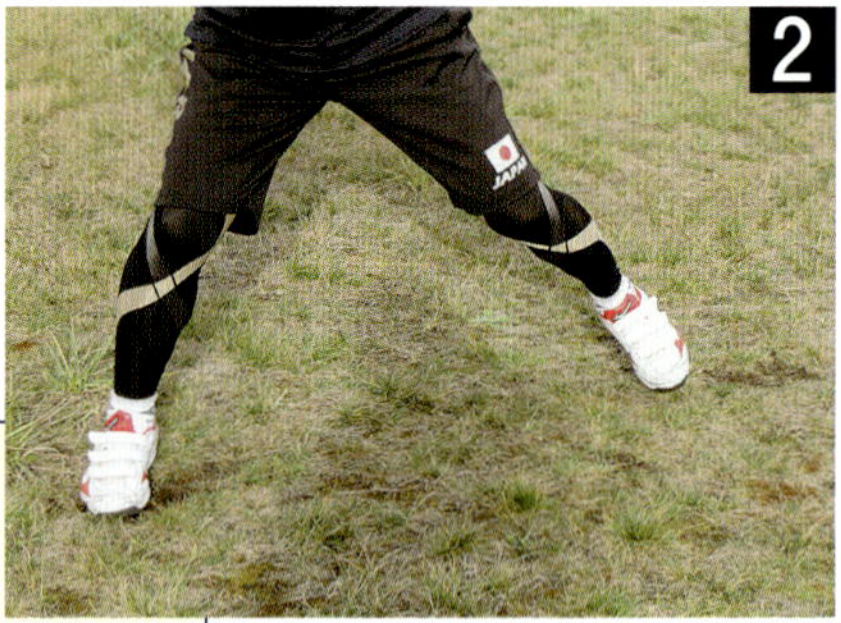
2

つま先の向きに注意しながら
左足を背中側に引く

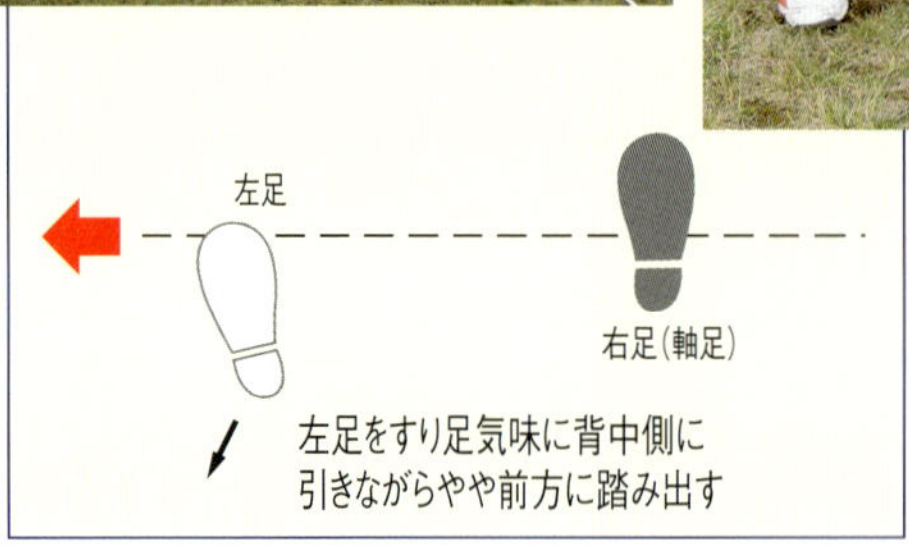
左足
右足(軸足)
左足をすり足気味に背中側に
引きながらやや前方に踏み出す

基本キャスト「遠くへ飛ばそう」

足の位置の確認①

オモリを遠くに飛ばすには構えからフィニッシュまでの一連の動作が大切で、流れるようなキャスティングフォームは、下半身のスムーズな体重移動によって生まれる。

セーフティースローはスタートからフィニッシュまでの時間が短く、オモリを拾った直後からサオを強く振る必要がある。短時間で体重移動と腰の回転をス

基本キャスト
「遠くへ飛ばそう」

膝を曲げて安定させる

3

左斜め前方に踏み出した左足、軸足（右足）とも体重はつま先寄り

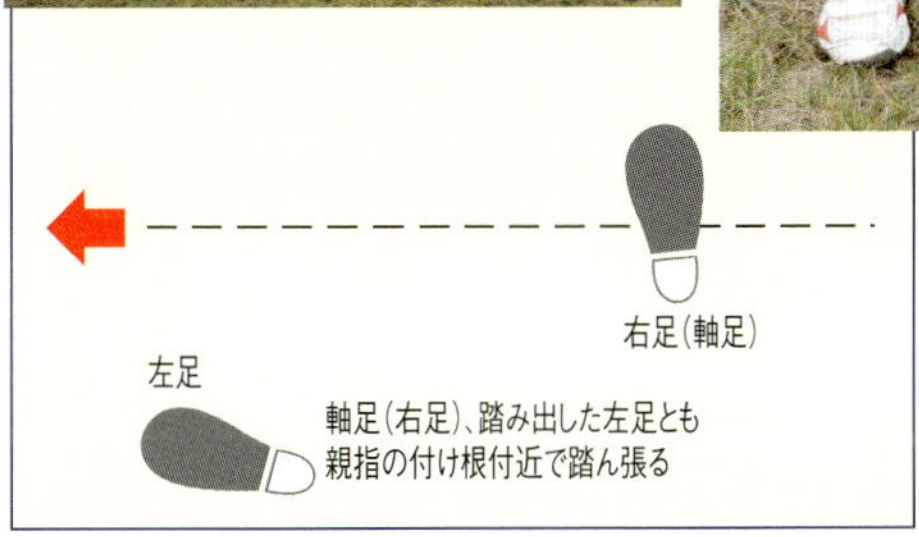
右足(軸足)
左足
軸足(右足)、踏み出した左足とも
親指の付け根付近で踏ん張る

4
JAPAN

軸足（右足）から左足への体重移動を意識しながら地面を蹴る

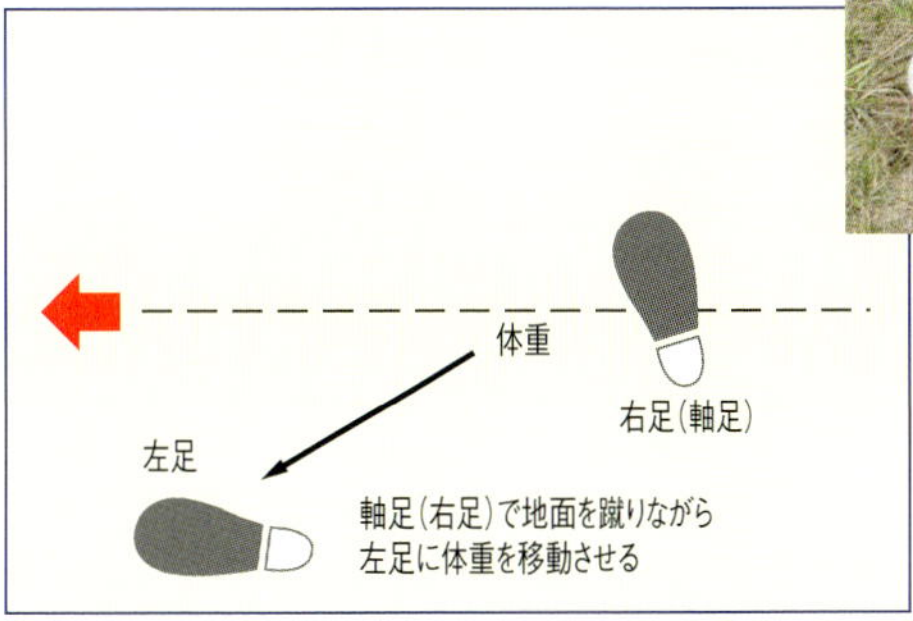
体重
右足(軸足)
左足
軸足(右足)で地面を蹴りながら
左足に体重を移動させる

ムーズに行うには、軸足（右足）とステップする左足の動きが重要なので、構えからフィニッシュまでの足の位置を再確認しておこう。

軸足（右足）、左足とも足首の自由な動きを妨げないようにベタ足は避け、つま先寄りの親指の付け根辺りに体重を載せる。慣れるまではややバランスが取りにくいが、膝を曲げることで下半身を安定させる。

軸足（右足）を強く蹴る

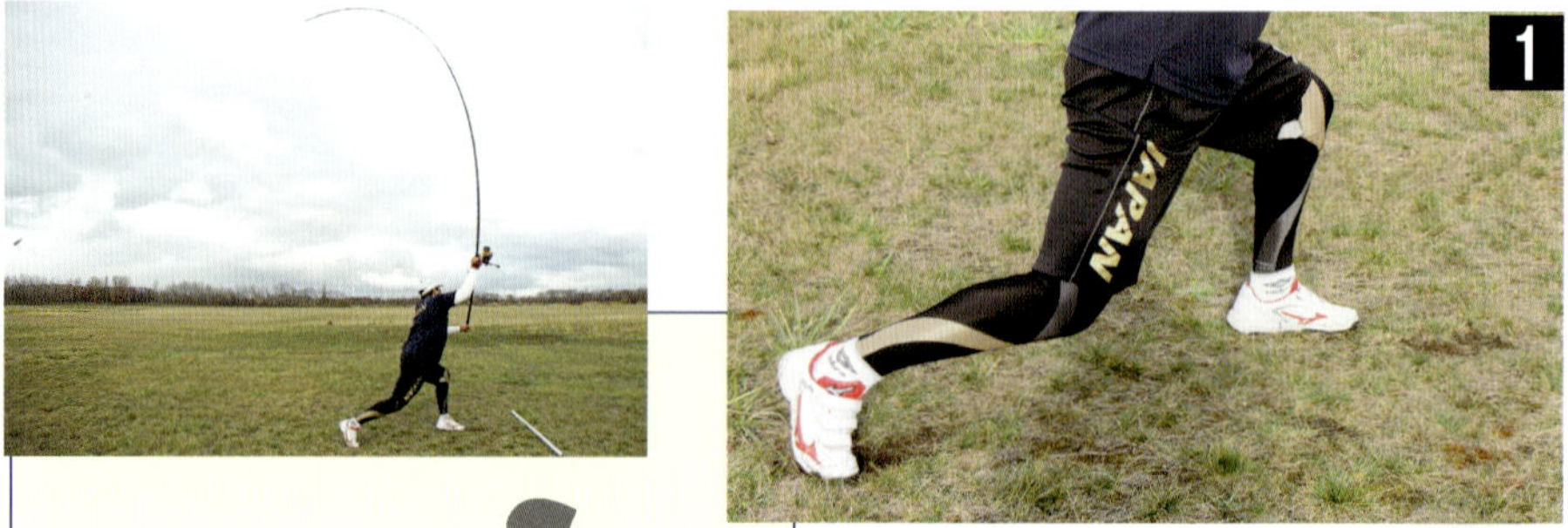
1

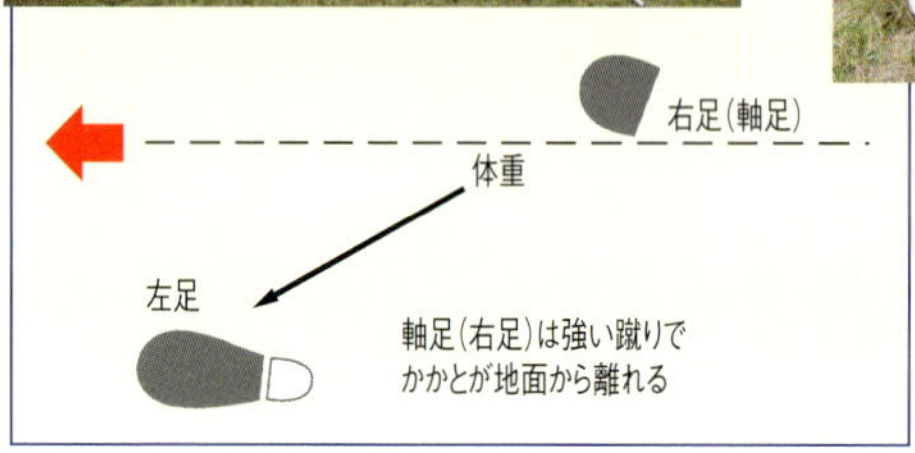
右足(軸足)
体重
左足
軸足(右足)は強い蹴りで
かかとが地面から離れる

軸足（右足）の強い蹴りで
腰を回して強くサオを振る

2

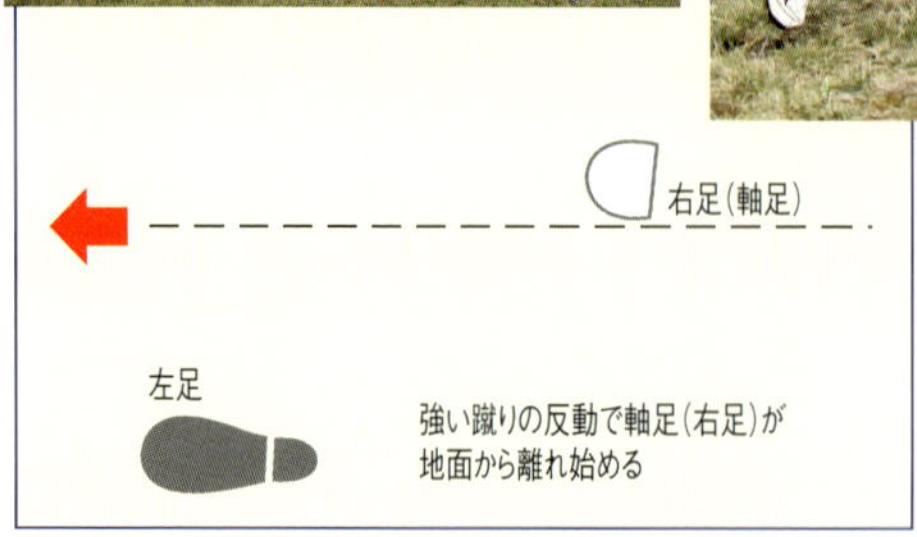
右足(軸足)
左足
強い蹴りの反動で軸足(右足)が
地面から離れ始める

左足に体重が移動すると反動で
軸足（右足）が地面から離れる

足の位置の確認②

遠投するときはサオを持つ手や腕などに意識が向きがちだが、上半身の力を最大限に引き出すには下半身の動きが重要だ。特にセーフティースローは、左足をステップするところからキャストが始まり、その後に右腕、肩、左腕を動かさずにサオ先を地面から上げてオモリを拾う。下半身主導でキャストが始まるので上半身は楽にサオを

基本キャスト「遠くへ飛ばそう」

腰の回転をスムーズに

3
JAPAN

体重が完全に移動した左足で上半身の突っ込みを押さえ、バランスを取る

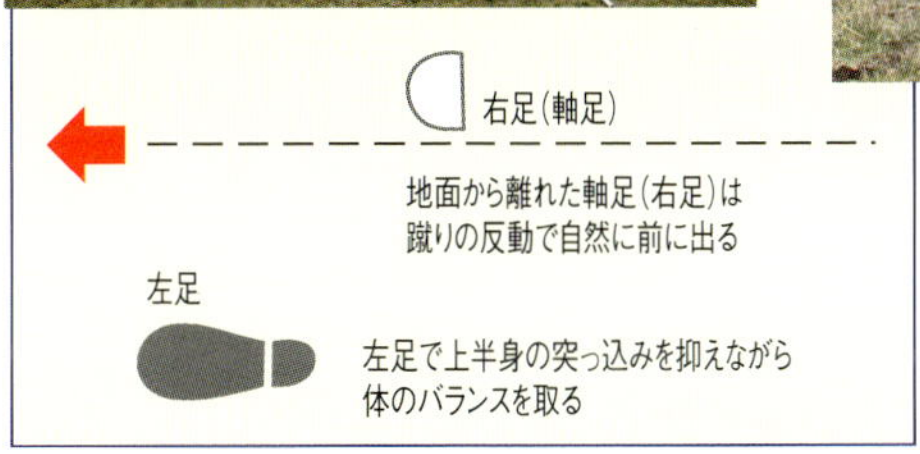
右足(軸足)
地面から離れた軸足(右足)は
蹴りの反動で自然に前に出る
左足
左足で上半身の突っ込みを抑えながら
体のバランスを取る

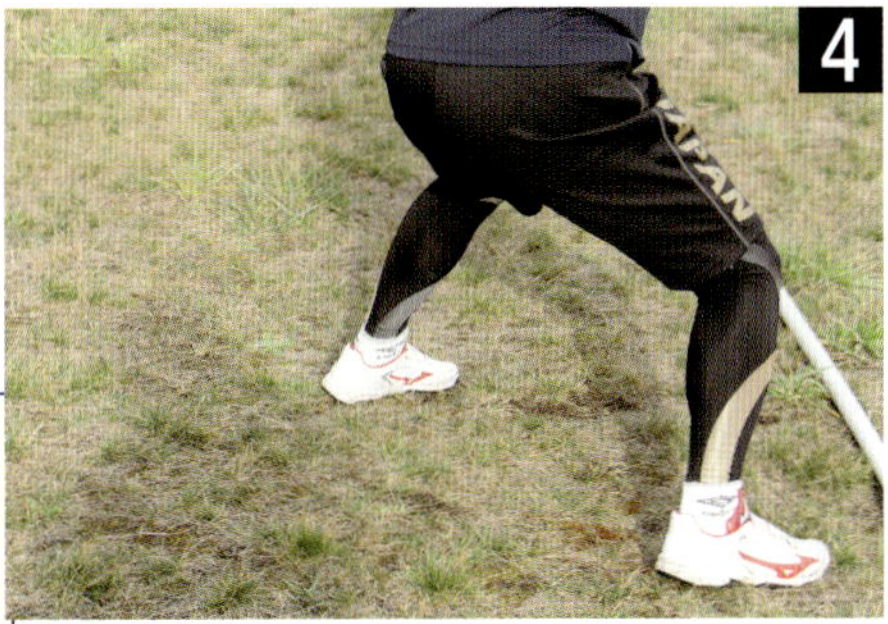
4
JAPAN

反動で左足よりも前に出た軸足（右足）で体の勢いを止める

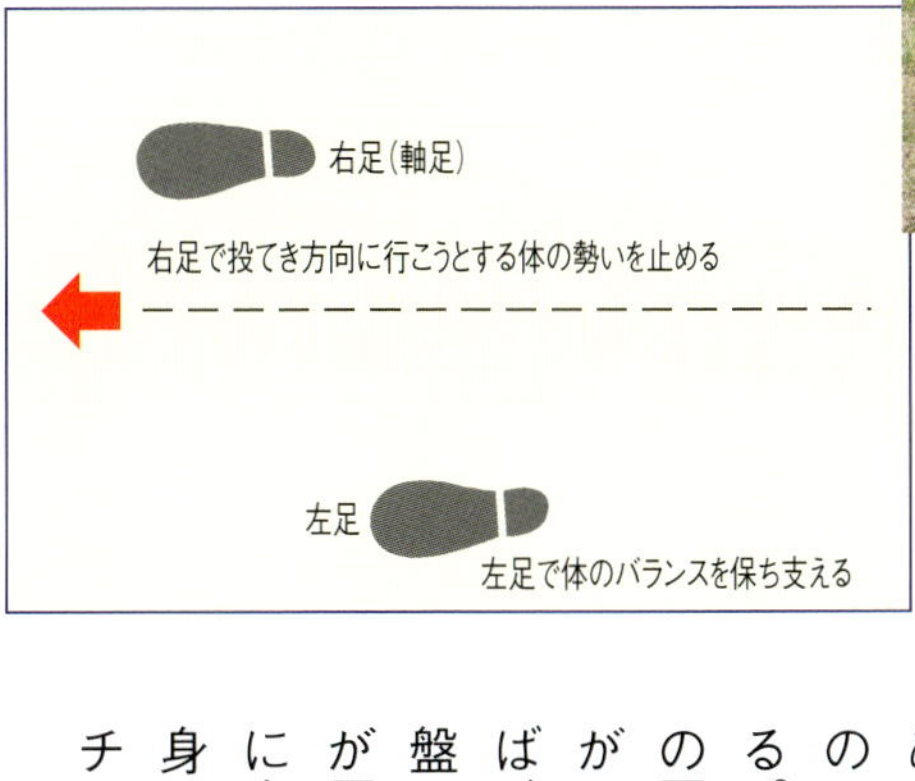
右足(軸足)
右足で投てき方向に行こうとする体の勢いを止める
左足
左足で体のバランスを保ち支える

構え、下半身を意識することで強くサオを振ることが可能になる。

キャストの前半から中盤は、ステップする左足のつま先が開かないように注意し、腰の回転を促すための軸足（右足）の蹴りに留意する。強い蹴りで腰の回転と体重移動がスムーズに進めば、キャストの終盤では軸足(右足)が反動で自然に前に出るので、下半身の体重移動のチェックが可能だ。

体重移動を覚える

3 上半身を前に傾けてバランスを取りながら左足をステップ

4 左足の着地直前か直後にサオを振り始める

7 力糸を放した直後に体重は完全に左足に移動

8 オモリが飛ぶ位置を目で確認しながらサオの角度を合わせる

基本キャスト「遠くへ飛ばそう」

足の位置の確認③

　セーフティースローは飛距離とオモリの方向性を両立しやすい投法で、要領をつかめば比較的簡単に遠投ができる。ただし、ステップやサオを振り始めるタイミングなどが重要で、前から撮影した連続写真で見ると体の動きが分かりやすく、キャスト全体のイメージがつかみやすい。

　基本的には左足のステップを始める段階では上半身をほとんど動かさず、下半身主導でキャストを始める。サオを持つ両手など上半身に意識が向きがちだが、飛距離を伸ばすには下半身の体重移動による腰の回転が必須。的確な体重移動によってサオを強く振ることが可能になる。

基本キャスト
「遠くへ飛ばそう」

腰の回転は必須

1

両足のつま先を正面に向けて左足は靴のサイズの半分ほど前

2

体重は軸足（右足）7、左足3の割合

5

軸足（右足）から左足に体重移動しながらサオを振る

6

軸足（右足）の強い蹴りで腰を回して力強くサオを振る

9

強い蹴りの反動で軸足（右足）は自然に前に出る

10

フィニッシュ

キャスト前の最終チェック①

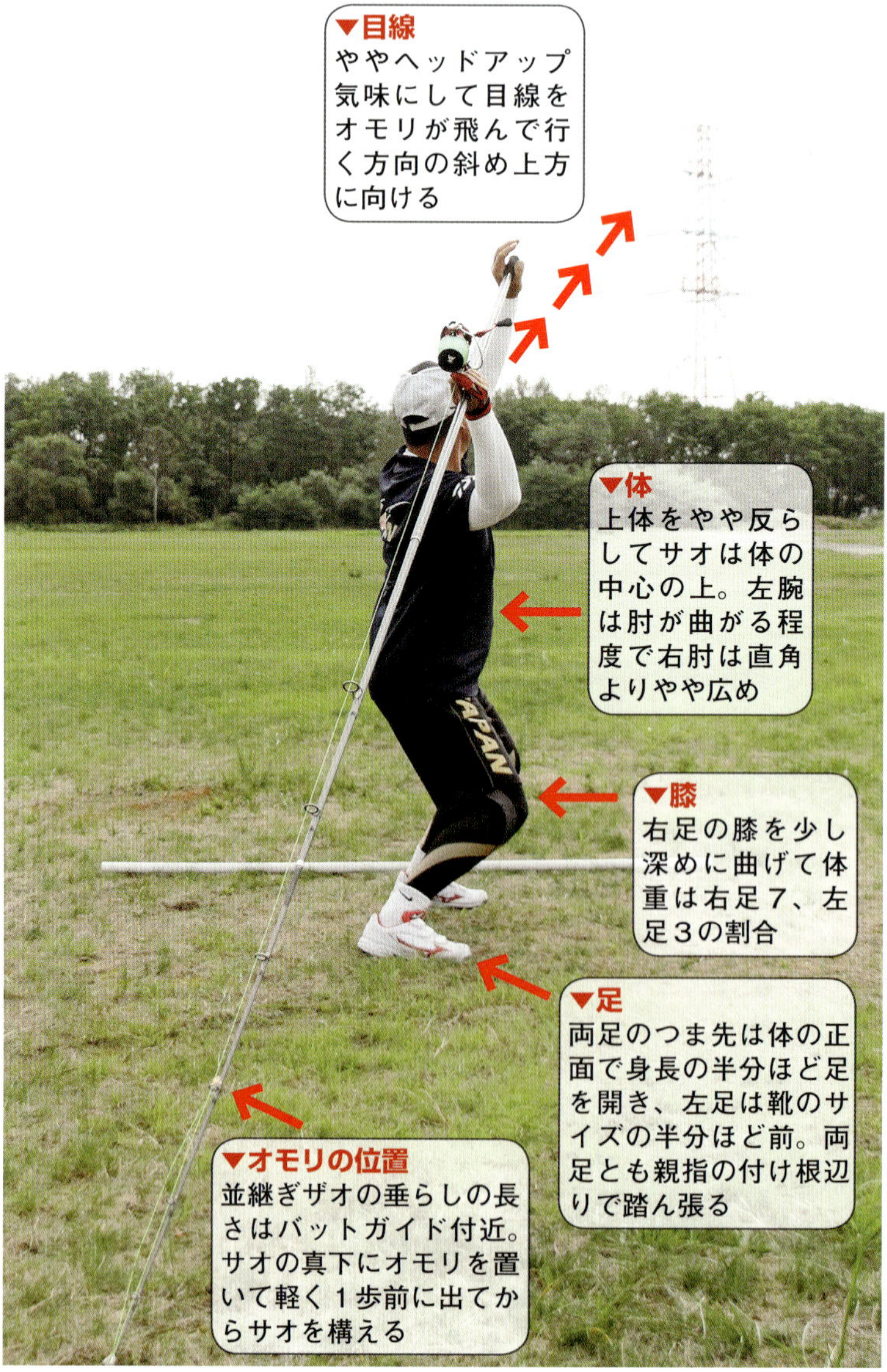

▼目線
ややヘッドアップ気味にして目線をオモリが飛んで行く方向の斜め上方に向ける
▼体
上体をやや反らしてサオは体の中心の上。左腕は肘が曲がる程度で右肘は直角よりやや広め
▼膝
右足の膝を少し深めに曲げて体重は右足7、左足3の割合
▼足
両足のつま先は体の正面で身長の半分ほど足を開き、左足は靴のサイズの半分ほど前。両足とも親指の付け根辺りで踏ん張る
▼オモリの位置
並継ぎザオの垂らしの長さはバットガイド付近。サオの真下にオモリを置いて軽く1歩前に出てからサオを構える

力糸を放す瞬間を覚える

オモリによって作り出された負荷で大きく曲がったサオは、人さし指に掛けた力糸を放すことで反発力が生かされる。キャスト時の体の突っ込み具合やサオの軌道、垂らしの長さ、サオの硬さなどによって力糸を放すタイミングは異なるが、基本的にはサオの曲がりが最大を過ぎて返り始めた瞬間がベストだ。

しかし、遠投に慣れたキャスターに力糸を放すタイミングを問うと、ほとんどの人から「放すというより自然に放れる感じ」という答えが返ってくる。わずか1秒足らずで完結するセーフティースローでは、サオが返る瞬間を捉えて意図的に力糸から指を放すことなど不可能に近く、練習によってタイミングをつかむしかないというのが本当のところだ。

遠投用の硬いサオは反発力が強いため瞬間的に指に大きな負荷が掛かるので、力糸が指から外れないようにしっかり持つこと。また、軟らかいサオの場合は強く振れば振るほどサオが曲がってしまい、力糸を放すタイミングが遅れやすいので、自分で力糸を放すタイミングを作る必要がある。

キャスト前の最終チェック①

遠投用の硬いサオは力糸が指から外れやすいので注意

力糸は放すというより放れるという感じに近い

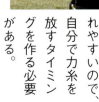

キャスト前の最終チェック②

リールフットの前方をリールシートのフロントフードに差し込む

リールシートのスライドフードを動かしてリールフットの後方を押さえる

Sカバーを前方に倒してリールをしっかり固定する

リールのセット

一般的な投げザオにはプレートシートと呼ばれる板状のリールシートが取り付けられており、サオ尻側のスライドフードを動かしてリールフットを挟んでリールを取り付ける。リールがしっかり固定されていないと、キャストが不安定になり飛距離に影響することもあるので、スライドシートで確実に押さえてSカバーで止めること。

キャスト時はベールの起こし忘れに十分注意すること

実際の釣りやスポーツキャスティング競技では、間違えて並継ぎザオをつながずに使ったり、振り出しザオを伸ばさずに使用することはない。しかし、意外に多いのが、リールのベールの起こし忘れだ。

キャスト前の最終チェック②

サオ先より体側に置いたオモリはサオを振ると反対側に進んで遠心力が生まれる

誤ってそのままサオを振ってしまうとミチ糸切れはもちろんだが、ときにはサオを破損することもあるので注意すること。

遠心力を利用

円運動をする物体には円の中心から遠ざかる方向に力が働き、この力を遠心力という。遠投するときにはオモリに働く遠心力を利用することでサオを大きく曲げることができるが、そのためには構えの段階でオモリをサオ先より体側に置く必要がある。

サオを振り始めると、オモリは体の後ろ側に向かう。この段階ですでにオモリには遠心力が働き始めるが、サオの進行に伴って遠心力は次第に大きくなり、オモリがサオ先よりも後ろ側に進んだ辺りでかなり大きな力となる。その間、キャスターはサオを振り続けるが、ちょうどその段階で最もサオに力を加えやすい体勢になり、遠心力によってオモリが作り出した負荷とキャスターの強い力でサオを大きく曲げることができる。

トラブル対策①

右に飛ぶときの修正

垂らしが短いと早い時点でサオが曲がり過ぎてすっぽ抜けやすい

振り始めのオモリの負荷を軽減するため垂らしを長くする

右利きキャスターがサオを振ったとき、オモリが右に飛んでしまう原因は大きく2つに分けられる。1つ目は、オモリの負荷が早くサオに掛かって早い時点でサオが曲がり過ぎ、指に掛けた力糸の負荷が急に大きくなって指からすっぽ抜けてしまう場合だ。遠投用の硬いサオで起こりやすくオモリは高い軌道で右側に飛ぶが、垂らしの長さを調節することで解決できる。振り始めのオモリの負荷を軽減するために垂らしを少しずつ長くしてキャストを繰り返し、ちょうどいいタイミングで負荷が掛かる長さを見つけるとサオを振るスピードが上がり、力糸を放すタイミングも合ってくる。

2つ目は、左足をステップしたときに体が開いてしまい、腰の回転が中途半端で上体がきちんと投げる方向を向いていない場合だ。サオを体全体の力で振り切ることができずに振りが途中で終わってしまい、結果的に初めから右側に投げているようなフォームになる。

これを修正するには、ステップするときに腰が開かないように左足の出し方に十分に注意し、腰と上体をきちんと回転させてサオを最後まで振る必要がある。

右に飛ぶ理由が分からないときはオモリが飛ぶ高さで判断する。高いときはすっぽ抜け、低いときは初めから右に投げていることが多いのでフォームを修正する。

トラブル対策①右に飛ぶときの修正

腰の回転が中途半端だとサオを振り切ることができない

結果的に初めから右に投げているようなフォームでフィニッシュ

トラブル対策②

左に飛ぶときの修正

右利きキャスターのオモリが左に飛ぶのは、力糸が指に引っ掛かり気味になる場合がほとんどだが、それにはさまざまな理由がある。

最も多いのはオモリの拾いが悪く、振り始めにオモリの重さがサオに伝わらずに遅れて負荷が掛かり、前振りになって指に引っ掛かってしまうことだ。また、軸足（右足）から左足への体重移動が速過ぎると体が突っ込んでしまい、垂らしが長過ぎる場合もオモリの拾いが遅れて前振りになり、同様の結果が待っている。軸足（右足）に体重を残して左足はすり足で出すイメージでステップし、体が前に突っ込まないようにすることが大切だ。

オモリの拾いが悪く前振りになると引っ掛け気味のキャストになる

構えのときに左足に体重を載せ過ぎると
体が突っ込んで前振りになる

オモリが左に飛んでいるのに高い軌道を描いているときは、初めから左に投げているようなフォームになっている可能性が高い。構えたときに軸足（右足）の向きが悪く、左足のつま先が外（左）側を向いた状態でステップしてサオを振り始めると、腰が開いて体全体が左側を向いてしまう。引っ掛け気味のキャストとは異なるが、左側を向いて投げているのだからオモリが左に飛んでしまうのは当然だ。左足のつま先の向きは、腰や体の向きに大きく影響を与える。構えの段階で両足のつま先の向きに注意し、特に左足はつま先の向きに十分注意してステップすることが大切だ。

トラブル対策②左に飛ぶときの修正

左足のつま先はキャスト方向

左足のつま先が外側を向くと体が左側を向きオモリは左に飛ぶ

トラブル対策③

バックラッシュ・ガイド絡みの防ぎ方

急にサオの振りを止めると穂先が上下に揺れ続けてバックラッシュの原因になる

　フルキャストで大きく曲がったサオは、力糸を放した瞬間にサオの進行方向に強く反発する。サオを振り終えたときにリールフットを握る右手（左利きの場合は左手）でがっちりサオを握ったまま急にサオの振りを止めると、穂先がいったん地面側に向かって曲がった後に上下に揺れ、放出されるミチ糸を揺り動かし続ける。素直にガイドを通って放出されていたミチ糸は穂先付近でガイドに詰まるような状態になり、バックラッシュの原因となる。

　これを防ぐには、フルキャストのときに力んで振り過ぎないこと、曲がったサオをスムーズに返して素早くブレを収束させることなどが求められる。力糸を放した瞬間は必ずリールフットを握る手の力を抜き、サオのブレを収めること。

バックラッシュでミチ糸が切れると仕掛けやオモリのロスにつながる

トラブル対策③バックラッシュ・ガイド絡みの防ぎ方

素早く右手の力を抜いてサオのブレを収めるとバックラッシュが防げる

バックラッシュの原因はほかにもあり、スプールにミチ糸を緩めに巻くと起こりやすい。PEラインの場合は特に注意が必要で、初めて使う場合は軽くキャストしてミチ糸に水を付けてからフルキャストすること。

ガイド絡みで傷が付いてしまったサオ

サオをねじるとKガイドでもガイド絡みが起こりやすくなる

ミチ糸のよれもバックラッシュの原因だ。最近のスピニングリールは糸よれしにくい構造だが、何度も使用したミチ糸はよれていることが多いので注意。

遠投にはガイド絡みも付きものだ。近年はガイドに絡んでもミチ糸が外れる形状のKガイドが主流だが、いったん絡むと飛距離が落ち、サオに傷が付いたりする。代表的な原因はスプールから放出されたミチ糸がバットガイドによって渋滞し、たまったミチ糸がガイドの横で輪になってガイドに絡む現象だ。サオの振り過ぎで穂先を地面側に曲げないことや、サオの進行方向にガイドを向けてサオをねじらないことが大切だ。

オーバースロー

1 右手を高く上げて

初心者はまずオーバースローでサオの振り方や力糸を放すタイミングを身に付け、その後にセーフティースローなどの本格的な遠投に挑戦するのがいい。

まず、両足を肩幅より少し広く取り、リールフットを握る右手を高く上げてサオを頭上に構える。ハイシートのサオで両腕の間隔が広く構えにくいときは、サオ尻を握る左手で幅を調節する。

オーバースロー 的確にポイントを狙うために上段からまっすぐ振り下ろす。「垂らし」と似ているが、垂らしはオモリを地面に着けないだけで、体全体をフルに使うので飛距離も出る。

2 竹刀を振る要領で

サオをまっすぐに振るために、投げる方向の反対側の背中の後ろにオモリが来るように注意すること。自分では真後ろにオモリがあると思ってもずれていることが意外に多いので、サオを構えたらオモリの位置を確認する。

左手を引きながら右手で押すように、剣道の竹刀を振る要領でサオを振る。振り始めると同時にサオにぶら下がったオモリの重さでサオが曲がり始めるが、振り始めから強く振るのではなく、サオ先を加速させることを意識すると振りがスムーズになる。

初心者はまず

3 負荷を感じながらサオを振る

初めは飛距離を求めずに、リラックスして竹刀を振るようにしてサオを振り下ろすのがいいが、何度も振って要領がつかめたら飛距離を伸ばす練習をする。その場合はサオを構えてから膝を少し曲げて中腰になり、両足が伸び上がる力も利用するといいだろう。

オーバースローは比較的簡単ですぐに慣れるが、左手の引きと右手の押しのバランスが悪いとキャスト全体が崩れやすい。初めから強い力を入れずに両手、両腕でオモリが作り出す負荷を感じながらサオを振る。

4 体全体使うよう意識

この段階から負荷が最大に近づくので、サオを両手でしっかり握って強く振る。写真のように両足の先をほぼそろえたキャストは、負荷がかかるとバランスを崩しやすいので注意。初心者は左足を少し前に出した構えからサオを振ると下半身が安定する。

オーバースローはサオの振り幅が狭いので、体を上から押さえつけるような大きな負荷は生まれない。それだけにサオが振りやすく手振りになりがちなので、体全体を使うように意識すること。

サオを振り下ろす

5 サオ尻はおなかに

力糸を指から放す直前。この段階ではキャストのフィニッシュに向かって負荷の掛かったサオを右手で強く押しながら、左手でサオ尻をおなかの方に引き付けるだけだ。

オーバースローは、サオを真っすぐに構えても右利きの場合は右側、左利きの場合は左側に振ってしまう傾向がある。それを防ぐにはサオを振る前に体の後ろにあるオモリを静止させることが大切で、オモリを静止位置から真っすぐに引き上げるようにサオを振ること。

6 膝の反動も利用

力糸を指から放してキャスト終了。最後の押しで突き出した右腕と右手は高い位置にあり、サオ尻は左手でしっかり引き付けて膝の反動も利用する。初心者の場合は、サオを振る速さを抑えて力糸を放すタイミングを身に付けるようにすると、本格的な遠投に挑戦したときに役立つはずだ。

初心者はまずオーバースロー

キャスティング練習はどうしても飛距離に目が向きがちで、サオを強く振りたくなるが、一歩一歩段階を踏むのが上達への早道。注意点を意識しながら繰り返し練習すること。

初心者はまず
オーバースロー

ポイント目がけ

7 オモリを見失うな

ヘッドアップ気味にしながら目線を上げ、飛んで行くオモリの行方を追い続ける。オモリが空中にある間は、できるだけ見失わないようにすること。実際の釣り場では隣に釣り人がいることが多く、ミチ糸の絡みに注意する必要があるからで、練習段階からオモリを追うくせを身に付けること。

セーフティースロー同様、サオのブレを素早く収束させることで飛距離が伸びる。ただし、今回はフォームが分かりやいようにフィンガープロテクターを付けずに強いキャストは控えているので、リールフットを握る右手は力を抜いただけだ。

8 リールのベール戻す

オモリが海面に落下したらリールのベールを戻す。ベールを戻すのが遅れると、風があるときはミチ糸がスプールから出続けるので注意すること。

キャスト練習を繰り返すと、どの程度の飛距離が出ているのか知りたくなる。海で練習する場合は糸ふけなどで正確な飛距離は分かりにくいが、投げ釣り専用の25メートルごとに色分けされたミチ糸を使えば大まかな飛距離を知ることができ、練習の励みになる。

岩場で飛距離を出そう

岩場での垂らし投げは、小高い岩を利用すれば振り幅を広げることができる。足場のいい所を選んで両足の位置を決め、下半身に力が入るようにスタンスを広めに取ること。

左手を高く上げてオモリや仕掛けが岩場に着かないように穂先を下げ、左足の膝を少し内側に倒して腰をためる。低い姿勢を取ってしっかり両足で踏ん張り、スムーズに体重移動しながら腰を回転させることで力強くサオが振れる。垂らし投げはサオを振り始めるとすぐに負荷が掛かり始めるので、垂らしの長さを調節することが大切だ。

を広く取る

3

さらに体重移動を進めて、腰を回転させながらサオを高い位置で振る

6

飛んで行くオモリを見失わないように、目で追い続ける

9

飛んで行くオモリに合わせて飛距離を伸ばすためにサオ先をやや下げる

岩場で飛距離を出そう

足場のいい所で足幅

力強くサオが振れる足場のいい所を選び、スタンスを広めに取って楽に構える

左手でサオ尻をしっかり握り、右足から左足に体重移動しながらサオを振り始める

力強くサオを振るが、上体が突っ込むと危険なので左足で踏ん張る

力糸を放した瞬間は急に負荷がなくなり、体のバランスが崩れやすいので注意

左手でサオ尻をしっかり握り、サオのブレを収束させるために右手の力は抜く

サオを支えるために、右手はリールシートの下辺りに添える

防波堤、岸壁でキャストする場合

防波堤や岸壁は足場がいいが、古い漁港やコンクリートが劣化した所ではオモリや仕掛けなどが引っ掛かる恐れがあるので、垂らし投げが安全だ。サオの振り幅は、防波堤の外側にオモリや仕掛けを垂らすことで確保する。垂らしをやや長めにし、体重を軸足（右足）7割、左足3割程度にして両足とも親指の付け根付近で踏ん張る。サオを振り始めるとすぐにオモリの重さが伝わるので、腰を使って体全体でサオを背負うようにして投げる。

1～9の写真には防波堤でのセーフティースローを重ねたので見比べてほしい。

長めに

3

左足が着地するまでは左手でサオ尻を強く握らない

6

右足で強く地面を蹴りながらサオを押し出す

9

強く蹴った反動で前に出た右足で体の勢いを止める

防波堤、岸壁で キャストする場合

垂らしはやや

防波堤外側に仕掛けやオモリを垂らして振り幅確保

体重は軸足（右足）7、左足3の割合

左足の着地と同時にサオ尻を握って振り始める

腰を使って体全体で負荷を背負うようにして投げる

サオのブレを収めるために右手の力を抜く

オモリの飛ぶ角度にサオの角度を合わせる

砂浜でキャストする場合

砂浜では、セーフティースローよりも振り幅を広げたV字投法（スリークオータースロー）で飛距離を狙う。V字投法は、穂先を自分の背中から1・5メートルほどの所にセットしてサオを斜めに振る投法。軸足（右足）7、左足3の割合で体重をかけてサオを振り始めるが、左足のステップはサオの振り幅に合わせてやや広めに取ること。サオは穂先が着いている所から皿をなぞるイメージで振ることが大切で、セーフティースローよりサオが斜めになるが、サオの角度によってはオモリの負荷でバランスを崩すこともあるので注意。

V字投法で

3

サオ尻を強く握り左足のステップの幅は広めに取る

6

軸足（右足）で地面を蹴りながらサオを強く振る

9

右手の力を抜き、オモリの飛ぶ角度にサオを合わせる

砂浜でキャストする場合

振り幅を広げた

軸足（右足）7、左足3の割合で体重をかける

サオ尻はまだ強く握らず左足をステップ

左足の着地と同時に皿をなぞるイメージでサオを振る

左足に体重移動しながらサオを斜めに振る

負荷のかかったサオを押し出しながら力糸を放す

強い蹴りで腰を回転させた軸足（右足）が自然に前に出る

垂らし投げで遠投する場合

垂らし投げによる遠投は、オモリが地面に着かないようにサオを高く構え、セーフティースローと同じ要領で体全体を使ってサオを振る。振り始めるとすぐにオモリがサオに負荷を掛け始めるが、セーフティースローのようにいったんオモリが投げる方向とは逆の背中側に向かうような動きはしないので、オモリに遠心力はほとんど働かない。振り幅も狭くサオを曲げるのはやや難しいが、硬い遠投用よりいくらか軟らかいものを使い、垂らしの長さはサオの硬さによって調節する。硬いサオは長め、軟らかいサオは短めにする。

サオを振る

3

左足の着地と同時にサオ尻を握り、サオを振り始める

6

体全体でサオを振れば反動で軸足（右足）が前に来る

9

左手をサオ尻から放してリールのベールを戻す

垂らし投げで遠投する場合

体全体を使って

サオを高く構えて左足はかかとから背中側にステップ

軸足（右足）に体重を残して腰が開かないように注意する

軸足（右足）で地面を蹴りながら腰を回して体全体でサオを振る

サオをねじらないように振って力糸を放す

投げる方向に行こうとする体を軸足（右足）で止める

右手の力を抜いてサオのブレを素早く収める

足場の悪い場所での垂らし投げ

垂らし投げは、足場が悪くステップできない場所では足の位置を決めてから投げる。両足を身長の半分ほど開いて立ち、軸足（右足）を靴のサイズ分程度背中側に下げる。両足をそろえると前や背中側にバランスを崩しやすく、軸足（右足）を下げ過ぎると腰をうまく使えなくなり、サオを背負うようにして投げることができなくなるので注意。両足とも親指の付け根付近で踏ん張ると腰の回転がスムーズになる。サオを振る前に膝を曲げて体全体をいったん沈み込ませ、伸び上がる足の力も利用しながら体全体でサオを振るようにする。

上がる力使う

膝を曲げて体全体をいったん沈み込ませて振り始める

力糸を放した直後に体重のほとんどは左足に移動

オモリが飛ぶ角度にサオの角度を合わせる

足場の悪い場所での垂らし投げ

膝を曲げ、伸び

軸足（右足）を靴のサイズ分程度背中側に
下げて構える

両足の親指の付け根付近で踏ん張り
体重移動に備える

体重を軸足（右足）から左足に移動しながら
腰を回転させる

負荷の掛かったサオを背負うようにして速く振る

左手でサオ尻をしっかり握りオモリの
飛ぶ方向を見定める

右手を素早くリールシートの下付近に移動して
サオのブレを収める

ゴロタ場で遠投する場合

チェック1
キッチンマットを使うとトラブル防止になる

チェック2
両足の収まりのいい場所を選ぶ

ゴロタ場は、足場が悪い上にオモリや仕掛けを地面に置くことができないので垂らし投げが基本になるが、沖が砂地の釣り場などでは遠投が求められる。そんなときに便利なのが、ホームセンターなどで販売されているキッチンマットだ。ハリが引っ掛からない素材で幅30センチ、長さ2メートルぐらいのものが良く、ゴロタ場に敷いて仕掛けとオモリを置くことで着地投法が可能になる。

ただし、ゴロタ場は両足の位置と収まり具合が重要で、足首が自由に回転しないことが多い。キャスト後に足を岩に挟んで痛めないような場所を選ぶことが大切だ。

敷いたキッチンマットの上に仕掛けとオモリを置き、サオ先をキッチンマットの上に着ける。サオ先が動かないように注意しながらサ

両足の位置を決めたらサオを体の中心の上に構える

トラブルを防ぐためにキッチンマットの上の仕掛けとオモリを確認

右肘の角度は直角よりもやや広め

軸足（右足）の体重を左足に移動しながらサオを振る

体全体を使い、重い物を背負うようなイメージ

足首が完全に自由ではないので痛めないように注意

オを体の中心の上に構え、右肘の角度は直角よりもやや開き気味にする。左膝を若干内側に倒し、腰にためを作る。

　ここからはセーフティースローと同じように体全体で重い物を背負うようなイメージでサオを振るが、足首の回転が完全に自由ではないので、きちんと足場が確認できるまでは、若干抑え気味のキャストが望ましい。

ゴロタ場で遠投する場合

アップを目指せ

左足を左斜め前にステップして徐々に
サオを加速する

軸足（右足）に体重を載せたまま右膝を
やや深めに曲げて左足は着地位置まで移動

軸足（右足）の強い蹴りで体重移動しながら
腰を回転させる

腰の回転を上半身に伝えて体全体でサオを振る

砂浜では、セーフティースローやV字投法よりもサオの振り幅を広げた回転投法で、飛距離アップを目指したい。

回転投法は、海岸線と平行に構えたサオを約２７０度回転させて遠心力を利用して投げる投法。サオは４メートルほどの短めが振り抜きやすく、短い垂らしではいきなりサオに負荷が掛かって振れなくなるので、垂らしはサオ先からリールの辺りまでの長めにする。

オモリを引きずるようにしてサオを振り始めるが、ある程度引きずったらオモリを浮かせ、サオにオモリの負荷を掛ける必要がある。ただし、あまり深い位置から負荷を掛けると、遠心力で体がサオに振り回されるような状態になるので注意。しっかり足を踏ん張って腰の回転が使える体勢までにオモリを浮かし、思い切りサオを振ることが大切だ。

回転投法で飛距離

オモリと垂らしをサオと直角に海側に置き
サオは海岸線と平行に構える

軸足（右足）に体重を掛けてサオを
ゆっくり振り始める

左足の着地と同時にサオのスピードを上げて
オモリを浮かせる

遠心力による負荷に負けないように
こらえながら左足に体重を移動する

飛んで行くオモリを目で追いながら
サオのブレを収める

オモリの角度にサオの角度を合わせて
フィニッシュ

右肘の角度90度より広く

サオ尻を握る手を頭の上の辺りにするとサオの高さがちょうど良くなる

右肘の角度を90度よりやや広めに取り、サオ尻を持つ手の高さを、頭の上の辺りにするとサオの高さがちょうど良くなる。サオは急加速するのではなく、ゆっくりスピードを上げることを心がけ、徐々に軸足（右足）に体重をかけて左足のステップに備える。この段階ではまだサオ尻は軽く握る程度にとどめ、サオにオモリ負荷が載ったときに強く握って腕の力を引き出すようにする。

右肘の角度が広すぎる例

オモリを引きずるようにして回転投法でサオを振り始めた瞬間で、この後、軸足（右足）にいったん体重を載せてから左足をステップする。下半身の構え方や両足への体重配分はいいが、右肘の角度が広く腕を伸ばしたような状態で、サオの位置が非常に低い。この振り方ではオモリの負荷が掛かり始めてからサオを引き付けるのは難しく、横振りになりやすい。すでにサオ尻を強く握って力んでいるのもマイナス要素だ。

振り始めたときのサオの位置が低すぎる

回転投法ポイントピックアップ

回転投法ポイント
ピックアップ

腰の開きを防ぐ

腰の開きを防いで上半身を残すと左足着地後のサオの振り幅が広がる

軸足（右足）に体重を載せたとき、膝をいくらか体の後ろ側に曲げるようにして腰の開きを防ぐ。上半身を残すことで左足が着地したときのサオの振り幅が広くなり、スムーズにサオを加速する体勢ができあがる。サオ尻をしっかり握らないのは、サオに掛かるオモリの負荷が遠心力で大きくなる前に左腕に無駄な力が入るのを防ぐためで、左足の着地と同時に強く握ってサオを思い切り振る。

腰にため作れず開きが早い例

軸足（右足）に体重を載せた上で膝をやや曲げて重心位置を下げているが、うまく腰にためが作れずに開きがやや早くなり、それに伴って上半身も早めに投げる方向を向き始めた。サオ先を浮かせてオモリを浮かせ始めた分、さらにサオの角度が水平に近づいた。サオは体の前の離れた所にあり、位置も低いので、このままでは横振りになってオモリに振り回されてしまうことになる。

腰の開きがやや早く上半身も早めに投げる方向を向き始めた

サオを体の中心から逃がさない

オモリに振り回されないようにしながら
サオを斜めに振り上げる

オモリの遠心力で大きく曲がったサオを、体の中心近くから逃がさないようにしながら強く振る。回転投法は長い垂らしによる遠心力を利用した投げ方だが、キャストの後半はV字投法に近い。右腕を斜め上に押し上げながら左手と左腕でサオ尻を支え、重い物を背負うように全身の力を使い、サオを斜めに振り上げること。そのためには、軸足（右足）で強く地面を蹴って腰を回転させる必要がある。

横振りになった例

左足の着地と同時にサオを強く振っているが、負荷が掛かったサオが重く感じられ、右腕でサオを押し上げることができず横振りになった。この状態では、遠心力によってサオ先の軌道より外側に向かおうとするオモリに振り回されるのをこらえるのが精一杯だ。回転投法は振り幅を広げてオモリを振り回すのではなく、後半ではオモリの遠心力で大きな負荷が掛かったサオを、斜め上に振り上げなければ飛距離は望めない。

負荷の掛かったサオを振り上げることができずに横振りになった

回転投法ポイント
ピックアップ

回転投法ポイントピックアップ

サオ尻を引き付ける

サオを体の中心近くに引き付けながら斜めに振り上げ、右腕を力強く押し上げながら左手と左腕でサオ尻をしっかり支えて引き付ける。回転投法のフィニッシュはサオ先が高い位置にあるのが望ましいが、オモリは遠心力によって振り始めの水平に近い軌道の延長線上に向かおうとする。そのままオモリに振り回されるのではなく、体の中心にサオを抱え、腰と上半身の回転でサオを斜めに振り上げることが大切だ。

右腕を押し上げながら左手と左腕でサオ尻を引き付ける

負荷が中心から離れた例

オモリの負荷が体の中心付近から離れてしまい
飛距離は望めない

何とかサオを斜めに振り上げようとしたが右腕に掛かる負担が大きく、オモリに振り回され気味で横振りのまま終わりそうだ。左手の位置も高くサオを強く引くことは難しいので、右腕の押し出しは期待できない。キャスト開始からの一連のフォームがサオを体の前に抱えたような振り方で、オモリの負荷が体の中心付近から離れてしまい、重い物を背負うような力強いキャストができず飛距離は望めない。

キャスティングのためのトレーニング

使わなくなったサオにポンポンを付けた素振りも有効なトレーニング

素振り

遠投に最も必要なものは何といってもパワー。どんなに優れた技術を持っていてもパワーがないと飛距離には限界があり、技術はパワーがあってこそより磨かれる。そのためにはウエートトレーニングなどが必要だが、キャスティング時のフォームチェックやサオの軌道の確認などをするため、サオを使った素振りも有効なトレーニングだ。

ただし、サオだけで素振りをすると負荷が掛からないため肩や背中を痛めかねない。使わなくなったサオを利用して、穂先にチアガールなどが持つポンポンを付け、適当な形に整えて自分に合った負荷が掛かるようにするといいだろう。穂先にタオルを付けて素振りをするのも効果的だが、穂先を折らないように注意。

ポンポンは形を整えて自分に合った負荷が掛かるようにする

ウエートトレーニング

キャスティングのためのトレーニング

ウエートトレーニングに使うマシン

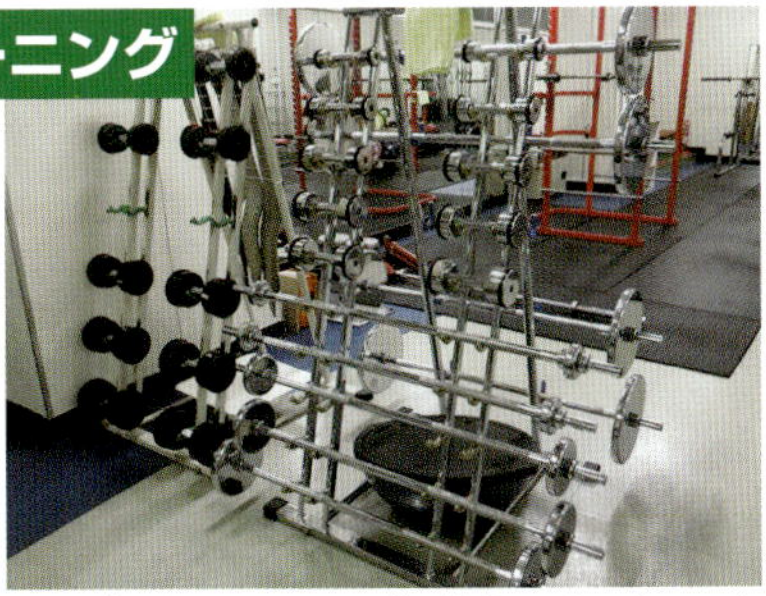
さまざまなトレーニングに使うフリーウエート

ベンチプレス

少ない回数でセット数を多くするのが効果的

ベンチプレスは上半身のためのトレーニング

キャスティングのためのウエートトレーニングには、マシンやフリーウエートを使う。筋肉トレーニングの基本となるバーベルを使ったベンチプレス、スクワット、デッドリフトのBig3といわれる三大トレーニングとスピードを付けるためのハイクリーンだ。

ベンチプレスは上半身のためのトレーニングで大胸筋、三角筋、上腕三頭筋が鍛えられる。キャスティングのためには柔らかい筋肉をつけるのが良く、自分が上げられる最大重量の70%ぐらいを少ない回数でセット数を多くするのが効果的だ。

安全にバーベルベンチプレスができるスミスマシンと呼ばれるものもあり、いろいろな部位を鍛えることができる。いずれも高重量になると手首を痛めやすくなるので、けがの予防に筋トレ用リストバンドを使用するのがいい。

安全にバーベルベンチプレスができるスミスマシン

けが予防のために筋トレ用リストバンドを使用

ウエートトレーニング

スクワットとデッドリフト

スクワットは下半身のトレーニングで大腿《だいたい》四頭筋、太ももがメイン。自分が上げられる重量の70%ぐらいの重量を、少ない回数でセット数を多くする。背中を丸めないで反らせながらかがむことが大切で、腰を痛めないようにウエストベルトをするとけがの予防になる。

デッドリフトは背中と体幹、下半身のトレーニング。主に大殿筋、ハムストリング、脊柱起立筋、広背筋、僧帽筋を鍛えることができるが、方法を間違えるとけがをしやすいので、しっかりしたフォームで行うこと。

スクワットは下半身を鍛えるトレーニング

腰を痛めないようにウエストベルトを使用する

デッドリフトは背中を反らせた状態でバーベルを持ち上げる

バーベルを真っ直ぐ持ち上げることが重要

キャスティングのためのトレーニング

床に置いてあるバーベルを持ち上げるが、必ず背中が反った状態にし、バーベルバーがすねにこすれるぐらいの位置から真っ直ぐ持ち上げることが重要。自分が上げられる80%の重量を3回、4セットぐらいから始めるのがいい。握力を使わないように上げるためにリストストラップを使う。

デッドリフトにはリストストラップを使う

ハイクリーンは瞬発力を高めるトレーニング

床の上に置いたバーベルを胸の上まで一気に持ち上げる

ハイクリーン

ハイクリーンは瞬発力を高めるトレーニングで、サオを速く振るために効果的だ。主に体の裏側の下腿《かたい》三頭筋、大腿二頭筋、脊柱起立筋、三角筋、前腕筋のトレーニングで、床の上に置いたバーベルを胸の上まで一気に持ち上げる。この動作はとても難しいので、ジムのトレーナーに教わるのがいいだろう。軽い重量から始めてスピードとフォーム重視でバーベルを上げることが重要で、遠投競技には欠かせないトレーニングだ。また、体幹や背中を鍛えるトレーニングも大切だ。

筋トレを行う上で大切なのがストレッチだ。筋トレ前には軽いランニングやラジオ体操など身体を動かす動的ストレッチが良く、筋トレ後には、座りながら静的ストレッチで筋や筋肉を伸ばして和らげる。ストレッチの順番を間違えると筋肉増強につながらなかったり、けがをすることもあるので注意。

体幹を鍛えるトレーニングも大切

マシンを使って背中も鍛える

筋トレ前と後にはストレッチが大切

ウキルアーを飛ばそう

左手で引く

上体をやや左前に傾けるようにしながらサオを振り始める

スムーズに加速することを心がけながらサオを振る

ルアーを目で追いながらルアーの飛ぶ角度にサオを合わせる

サオが軟らかく上下にぶれやすいので素早く収める

基本キャスト

サケを狙ったウキルアー釣りは、専用ルアーにタコベイトとエサ、ウキを付けてキャストする。空気抵抗の大きい仕掛けであまり飛ばない印象を受けるが、条件次第では１２０メートルほどの飛距離が出せる。

サオはソルトウオーター用のルアーザオで、対応ルアーウエートが70グラムほどの硬めが良く、超遠投を狙うなら長めの13フィート（約3・96メートル）がベスト。リールは４０００番程度のスピニングリールで、ミチ糸はＰＥラインの１～２号を使う。ただし、細い

右手で押しながら

肩幅よりやや広めのスタンスで両足のつま先をそろえて立つ

体の軸の上で振れる位置にサオを楽に構える

右手でサオを押し左手はサオ尻を引いてサオを強く振る

負荷でバランスを崩さないように注意すること

ミチ糸は、大きな負荷がかかると振り切れが起こりやすいので、力糸やショックリーダーが必要となる。

ウキルアー釣りはキャストを繰り返す釣りなので、リールフットを握る右手でサオを押しながらサオ尻を左手で引く、てこの原理を応用した投げ方が一般的で疲れにくい。リールシートの位置が低く、投げ釣り用のオモリに比べるとルアーが軽いので、キャストの最後に少しだけ左手でサオ尻を引くようにする。飛距離を求めずコントロール重視の場合は、両足の幅を肩幅よりやや広めに取り、両足のつま先をそろえて立っても構わない。

ウキルアーを飛ばそう

遠投

加速する

右足に体重を載せて軽く左足をステップ

ステップしても上体はできるだけ動かさないこと

右手の力を抜きサオのブレをできるだけ早く収める

ルアーを目で追いながらサオの角度を合わせる

ウキルアー釣りはサケの回遊経路を狙ってルアーをキャストする。ときには100メートル以上沖で跳ねを繰り返すこともあり、遠投で狙うのも醍醐味《だいごみ》の1つだ。ウキルアー釣りで使用するルアーザオは投げザオに比べると軟らかいので、的確にサオに力を加えないと飛距離が伸びない。サオを構えたときのスタンスや手と腕の位置、肘の角度などが飛距離に大きな影響を与えるので、正しいフォームでサオをスムーズに加速させること。

両足は肩幅より多少広めに

サオをスムーズに

両足の幅は肩幅よりやや広めに取り左足を少し前に出す

スタンスや手と腕の位置、肘の角度などに注意

重い物を背負うように体全体でサオを振る

右手、右腕でサオを上に押し上げるようにしながら振る

取り、左足をやや前に出して腰の回転が生かせる状態にする。いったん右足に体重を載せて左足を軽くステップし、着地と同時にサオを振り始める。右足で地面を蹴りながら腰を回して体重を左足に移動し、右手で強くサオを押しながら左手でサオ尻を引く。重い物を背負うようなイメージでサオを体全体で振ることが大切で、腕力だけでサオを振らないように注意。飛距離が最も出る垂らしの長さは、1〜1・2メートルほどだ。

　ルアーザオはサオが軟らかめなので、振り終わった後にサオ先が大きく上下する。ミチ糸の放出が妨げられるので、できるだけ素早くブレを収めるために右手の力を抜くこと。

右手は右足のやや後ろ

129ページ1のポイント

1

右肘の角度を直角よりやや広めにして
右手の位置は右足のやや後ろ

ルアーが地面に着かないようにサオを高く構える

ウキルアーの遠投は、ルアーザオに急に大きな負荷をかけないように、軸足（右足）から左足にスムーズに体重を移動してサオを振る。スタンスが狭いと急激な体重移動になりやすいので、両足の幅は肩幅よりもやや広めに取る。両足ともベタ足は避け、腰の回転や体重移動の際に足首の動きを妨げないように、親指の付け根付近に体重をかける。左足を少し前に出し、軽く膝を曲げて伸び上がりの力も生かすと飛距離アップにつながる。

右肘は直角よりやや広めで、サオを構えたときの右手は右足のやや後ろがベスト。体全体で振るためにサオは体の中心からあまり離さないこと。ルアーザオはサオ尻とリールシートの幅が狭いが、右手の位置を決めてからルアーが地面に着かないようにしてサオ尻を持つ左手の位置を決める。

ウキルアーを飛ばそう

左膝は内側に

腰が残るように注意しながら左足をステップする

128ページ2のポイント

キャストの開始では、左足を軽くステップしていったん軸足（右足）に体重を載せる。サオを振るタイミングを作るための体重移動なので足は高く上げず、構えたときの位置から大きく左側や前に移動させないで、元の位置に戻すようにすること。左膝をやや内側に向けるようなイメージでステップすると腰が残り、サオを振ったときに十分に腰の回転が生かせる。

ステップのときに上半身に力が入ると無駄な動きが生まれがちだが、その後のサオの軌道に影響することもあるので右腕や左腕、サオの位置などはできるだけ動かさないように注意すること。また、上半身が動いてルアーが地面に着いてしまうと垂らし部分がたるんで、サオを振り始めたときに急に負荷が掛かるなどの悪影響が出るので注意。リールはサオの進行方向に当たる真上に向ける。

上体やサオは構えの位置からできるだけ動かさないこと

腰と上体の回転、同時に

腰と上半身を回して重い物を背負うようにサオを強く振る

右腕を上に突き出すようにしながらサオを上に向かって振る

129ページ3のポイント

ステップした左足が地面に着いた瞬間に軸足（右足）で地面を蹴って腰を回し、重い物を背負うようなイメージでサオを強く振る。腰だけを回して後から体でサオを振るのではなく、腰の回転と上半身の回転が同時になるように注意すること。

投げ釣りの場合はサオが硬くオモリが重いので、一気にサオを背負うと負荷が大き過ぎて思うようにサオを振れなくなる。しかし、ウキルアー釣りはサオが軟らかく仕掛けが軽いので、サオにかかる負荷に力負けせずにサオを右手と右腕で押すことができる。サオはキャストのフィニッシュに向かって振り下ろすのではなく、右手でサオを押して右腕を突き出すようにしながら左手と左腕でサオ尻を引き、上に向かってサオを振るようにする。下半身が伸び上がる力も利用するとさらに飛距離が伸びる。

ウキルアーを飛ばそう

右手の力すぐ抜く

ウキルアーの飛ぶ方向にサオの角度を合わせる

128ページ4のポイント

ルアーザオは投げザオに比べると軟らかめなので、強い力で振るとサオがかなり大きく曲がる。ミチ糸を指から離した後には反発したサオ先が大きく上下に揺れるため、ミチ糸の放出が妨げられて飛距離が損なわれる。従って、サオが返った後はできるだけ早くリールフットを握る右手の力を抜き、サオのブレを収める必要がある。同時にウキルアーを目で追いながら、ミチ糸がスムーズに放出されるようにサオの角度を合わせることも大切だ。

　ウキルアーは仕掛けが軽い上に空気抵抗が大きいので、力強くサオを振ることに加え、細かなことを積み重ねることで飛距離を伸ばすことができる。

右手の力を抜いてできるだけ早くサオのブレを収めること

サオが返った反動でサオ先が揺れてミチ糸の放出を妨げる

挑戦・スポーツキャスティング

遠投上達への早道

投げ釣りは魚を釣るのが本来の目的だが、広い海を前にすると自分の仕掛けをどこまで遠くに飛ばせるか試したくなる。しかし、海に向かって遠投しても糸ふけや水深など飛距離を知るには曖昧な要素が多く、正確には把握できない。これを陸上で行い、種目別に定められたルールにのっとってキャスト方向の正確さと飛距離を競うのがスポーツキャスティングだ。

国内でスポーツキャスティング競技を行っているのはジャパンスポーツキャスティング連盟、NSC日本スポーツキャスティング連盟、全日本サーフキャスティング連盟の3団体。各団体によって若干ルールは異なるが基本的には第1〜第6種目、ST種目、女性種目の8種目がある。種目によってオモリの重さやミチ糸の太さ、力糸のありなし、コートの広さなどが異なり、自分に合った種目を選ぶことができる。

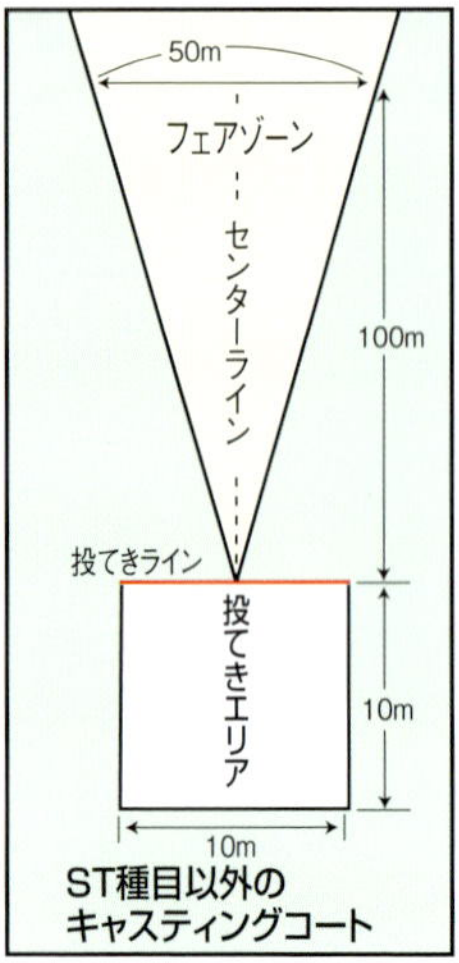

ST種目以外のキャスティングコート

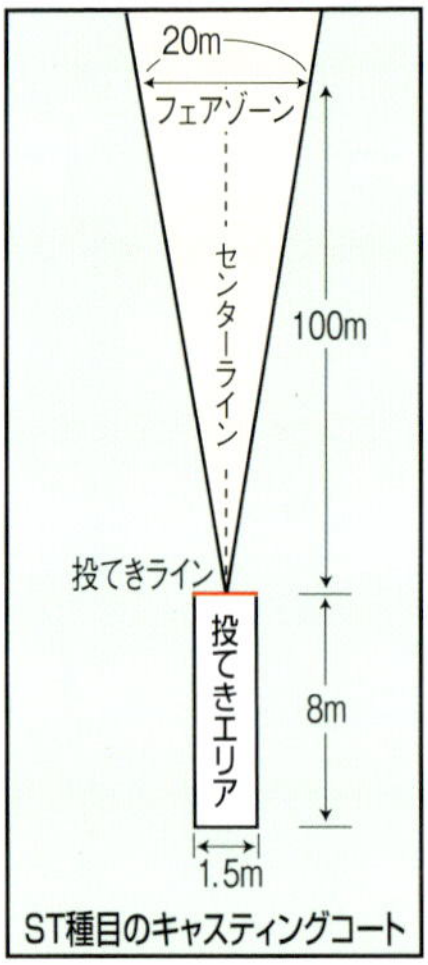

ST種目のキャスティングコート

第1種目

両軸リールやスピニングリールを使い、7号のミチ糸に力糸を付けないでキャストする。オモリが30号と重いので、一気に大きな負荷を掛けるとミチ糸が切れやすく技術を要する。スイング投法が主体。スイング投法はオモリを空中でスイングさせ、ロッドの反発力を最大限発揮させるので飛距離が出る。

第2種目

オモリは30号でミチ糸3号に力糸を付けてキャストする。200メートルを超える飛距離が出る種目で、サオは35号以上の剛竿を使い、スイング投法で豪快にキャストする。

第3種目

スピニングリールを使用して15号の軽いオモリをキャストする。ミチ糸が5号なので飛距離を伸ばすにはサオの硬さや振り方、キャスターの体力とのバランスが重要。主にスイング投法で投げる。

第4種目

スピニングリール使用でオモリは15号。第3種目と同じだが、ミチ糸が2号で力糸を使う。スイング投法で投げるが、オモリが軽いので飛距離を出すにはサオを振るスピードが求められる。

第5種目

オモリを地面に置かなければならず、V字投法や回転投法（目標へ背を向けて構えるのでサオの振り幅が大きくなり、加速が出る）に近い投げ方の選手が多い。オモリは25号でミチ糸2号に力糸を付けて使い、リールはスピニングリール。団体によっては年齢でA、B、Cのクラスに分かれる。

第6種目

オモリは25号で、ミチ糸2号に力糸を付けてキャストする。第2種目同様、200メートル超えの飛距離の出る種目で豪快さが魅力だが、剛竿をスイング投法で力強く振るには体力が求められる。

女性種目

ミチ糸2号に力糸を付けて25号のオモリを使う。投げ方は自由だが、V字投法、セーフティースローなどを使う選手がほとんど。

ST種目

長さ8メートル、幅1・5メートルとコートが狭い。しかも、投てきエリアの両サイドには1メートルの高さにラインが張ってあり、切ったらファウル。フェアゾーンの幅も他の競技の半分以下しかなく、飛距離と正確性が求められる。オモリは地面に置く。

挑戦・スポーツキャスティング

スポーツキャスティングの競技種目（団体によってルールが異なるので注意）

種目	サオ	リール	ミチ糸	力糸	オモリ	オモリの位置
第1種	自由	回転・固定	7号	なし	30号＋発音体	自由
第2種	自由	回転・固定	3号	3〜16号以上	30号＋発音体	自由
第3種	自由	固定	5号	なし	15号＋発音体	自由
第4種	自由	固定	2号	3〜16号以上	15号＋発音体	自由
第5種	自由	固定	2号	3〜16号以上	25号＋発音体	着地
第6種	自由	固定	2号	3〜16号以上	25号＋発音体	自由
女性種目	自由	固定	2号	3〜16号以上	25号＋発音体	自由
ST種目	自由	固定	2号	3〜16号以上	25号＋発音体	着地

※リールの項の回転はベイトリール、固定はスピニングリール
※サオ、リール（STを除く）、ガイド、リールシートの改造は自由

挑戦・スポーツキャスティング

ST種目

正確性が求められる

ＳＴ種目は幅1・5メートル、奥行き8メートルの狭い投てきエリアからキャストする。しかも、投てきエリアの両サイドには1メートルの高さに2号のサイドラインが張ってあり、切ったら失格。フェアゾーンも100メートル先で20メートルと他種目の半分以下の狭さだ。

サオを縦に近い状態で振らなければならないため振り幅が狭く、瞬発力と投てき方向の正確性が求められる。

投てきコートの背中側に立ち、オモリをサオの真下の体側に置いたら半歩から1歩前に出てサオを構える。腰が開かないようにステップする左足のつま先の向きに注意し、左足の着地と同時にサオを強く振る。

軸足（右足）、左足ともベタ足は避けて親指の付け根辺りで踏ん張り、軸足（右足）の強い蹴りで腰を一気に回転させてサオを振ること。

ＳＴ投法はサオが縦振りに近い軌道を描くので、サオに掛かる負荷は体を上から押さえつけるような力になる。それをこらえて跳ね返すためには、サオを背負うようにして体全体でサオを振る必要がある。

上体を固定したまま左足に体重を移動する

軸足（右足）から左足に体重を移動しながらサオを強く振る

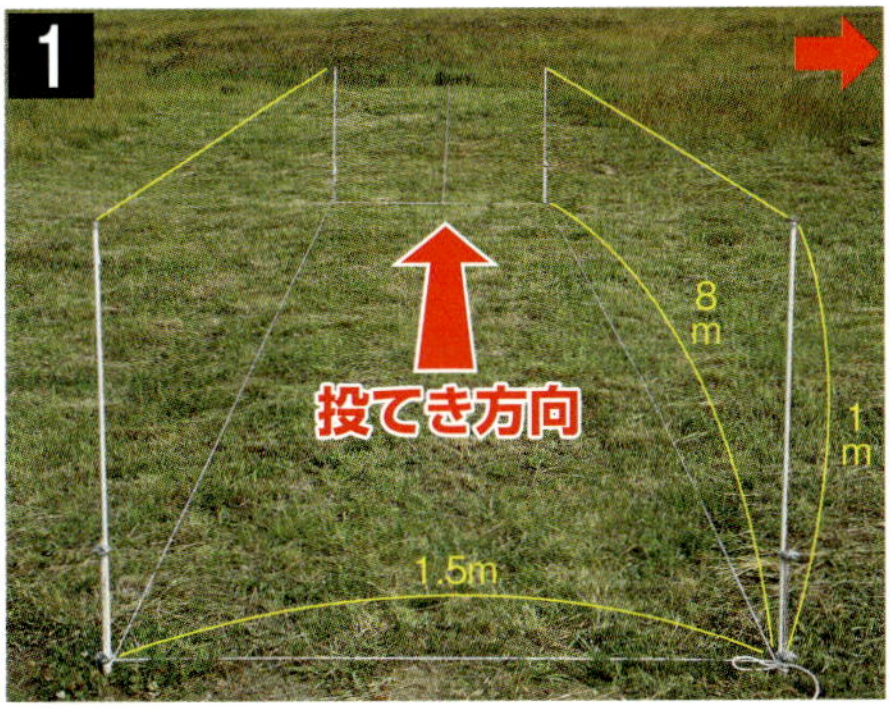

ST種目の投てきコートは幅1.5メートル、奥行き8メートル

軸足（右足）に体重を載せて左足をステップ

左足の着地と同時にサオを振り始めてオモリを拾う

軸足（右足）で強く地面を蹴って腰を回転させる

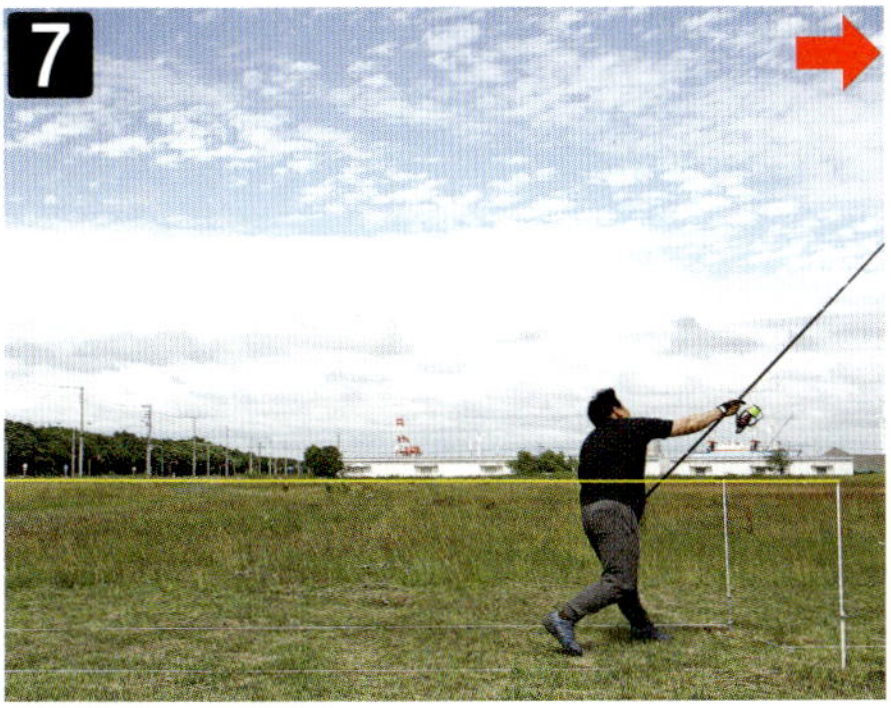

大きな負荷が掛かったサオをスムーズに返す

サオを振り終えたらできるだけ早く右手の力を抜く

挑戦・スポーツキャスティング

ST種目
サオの加速 一気に

ＳＴ種目の投てきは、オモリを拾ってからサオを振り終えるまでの時間が非常に短い。従って、左足の着地と同時にサオのスピードを一気に上げる必要があり、サイドラインに注意しながらサオをやや斜めに振ることで少しでも振り幅を広げて飛距離を伸ばす。

大きな負荷が掛かったサオを速く振るためには軸足（右足）の強い蹴りによる腰の回転が不可欠なので、左足のステップはつま先の向きに注意し、できるだけ腰を残すようにしてオモリを拾う。ステップの初期段階ではサオ先やオモリが動かないように注意する必要があり、左足の着地寸前か着地直後にサオを加速してオモリの負荷をサオに載せるようにすること。

大きな負荷の掛かったサオをスムーズに返すにはサオのねじれをできるだけ防ぐ必要があり、リールフットを握る右手が力みで内側（体側）を向かないように注意すること。サオのねじれを少なくすることで反発力を最大限に生かすことが可能になり、ライントラブルを減らすこともできる。

左足の着地寸前か着地直後にサオを振り始めてオモリを拾う

右足（軸足）で地面を強く蹴って腰を回転させる

腰を残すためにつま先の向きに注意して左足をステップ

左足のステップの初期段階ではサオ先は動かさない

両足とも親指の付け根辺りで踏ん張り強くサオを振る

サイドラインに注意しながらできるだけサオを斜めに振る

素早く右手の力を抜いてサオのブレを収める

オモリが飛ぶ角度にサオの角度を合わせる

挑戦・スポーツキャスティング

第5種目 右キャスター（上）

実釣に近い投法

　第5種目は、オモリを地面に置いた状態からキャストする。サオの振り幅が広い回転投法やV字投法で投げるのが一般的で、実釣とほぼ同じ投げ方をすることから参加者が多い種目だ。釣り場では、キス釣りなどのように長い仕掛けを使うときは仕掛けが絡まないように大きなステップは取らないが、キャスティング競技では、ステップによって反動を付けて体全体の力を使う投げ方も有効だ。

　第5種目の回転投法は投げる方向に背中を向けて構え、サオを約270度回転させて長い垂らしが作り出す遠心力を利用して投げる。できる限り振り幅を広げることで飛距離が出ると思われがちだが、オモリを空中に浮かせてサオに負荷を載せる位置が深いと、思うようにサオのスピードが上がらない。

　無理な体勢からサオを強く振らないように注意する必要があり、深すぎず浅

体と軸足（右足）を投てきライン方向に移動させる

両足とも親指の付け根付近で踏ん張り力強くサオを振る

右手の力を抜いてサオのブレを抑え、オモリが飛ぶ角度に合わせる

オモリは投てきラインの内側。サオと垂らしの角度は直角よりやや広め

軸足（右足）を踏み換えやすくするために体重を左足に載せる

軸足（右足）の踏み換えと同時に左足をステップしてサオを振り始める

フルパワーで振れる位置までサオを振り進める

大きな負荷が掛かったサオを体全体で一気に振る

軸足（右足）で強く地面を蹴って腰を回しサオを前に押し出す

すぎない位置からスムーズにフルパワーでサオを振ること。

ただし、投てきエリアの地盤が悪いときは、サオの進行でオモリが引きずられた際に、オモリが地面に引っ掛かったりバウンドして力糸の張りが不安定になることもあるので注意すること。

第5種目 右キャスター(下)

サオを背負うように

第5種目のキャスティングフォームは、後ろから撮影した連続写真を見るとオモリとサオの位置関係、ステップの取り方などが分かりやすい。140、141ページの背中側からの写真でも基本的な投てきフォームは理解できるが、後ろから撮影した写真では縦横10メートルの投てきエリア内のどこにオモリを置き、広いエリアをどう使うかがさらによく分かる。

回転投法でキャストする場合は、オモリを投てきラインの近くに置き、投てきラインから垂らしの長さ分ほど下がった位置でサオを構えることになる。投てきエリア内の前側に余裕があるため、ステップして体を前に移動させ、その反動を利用してサオを強く振るのが主流だ。

振り始めのサオの動きは横振りに近い状態だが、オモリが作り出す大きな遠心力に任せてサオを斜めに振り

3

軸足（右足）で地面を蹴って
素早く投てきライン側に移動

6

左足の着地と同時にサオを振り始める

9

サオのブレを素早く収めるために
右手の力を抜く

1

オモリを投てきラインの近くに置いて
後ろ向きに低く構える

2

前にステップするために軸足（右足）に
体重を載せる

4

軸足（右足）の着地と同時に
左足のステップを開始

5

腰が開かないように注意しながら
左足をステップ

7

大きな負荷が掛かったサオを腰の回転を
利用して力強く振る

8

オモリの射出位置が高くなるように
サオは斜めに振り上げる

続けるのではなく、オモリの射出位置が高くなるようにサオを斜めに振り上げる。

そのためには大きな負荷に振り回されて体の中心からサオが離れないように注意し、腰の回転を生かしてサオを背負うようなイメージで体全体の力で投げる必要がある。

加速を心がける

第5種目
左キャスター ㊤

3

軸足（左足）は右足よりもさらに投てきライン側まで移動

4

同時に右足で地面を蹴って体を投てきライン側に移動させる

7

軸足（左足）の体重を右足に移動させながらサオを振る

8

軸足（左足）で地面を蹴って腰を回転させながらサオを強く振る

第５種目で使われる回転投法やＶ字投法は、実釣での投げ方に応用することが可能で、釣り場での遠投に非常に役立つ。

そこで、左キャスターの連続写真も掲載する。オモリの位置やサオの振り方など、左キャスターには参考になる部分が多いはずだ。

両足のステップで体を投てきライン側に移動させてサオを振る場合は、軸足（左キャスターの場合は左足）の着地と同時に斜め前に踏み出した右足が着地した瞬間にサオを振り始める。

投てきライン側への移動中には、サオ先が動かないようにして振り幅を確保すること。サオは振り始めから力いっぱい振るのではなく、スムーズな加速を心がけ、オモリの遠心力で大きな負荷を作り出すようにする必要がある。

スムーズな

1

投てきライン側にステップするために軸足（左足）に体重を載せる

2

軸足（左足）で地面を蹴って投てきライン側にステップする

5

軸足（左足）の着地と同時に右足を斜め前にステップ

6

右足の着地と同時にサオを振り始める

9

サオから体に伝わる大きな負荷をこらえて一気にサオを振る

10

左手の力を抜いてサオのブレを素早く収める

繰り返し練習

第5種目
左キャスター ㊦

軸足（左足）のステップで体を投てきライン側に移動させる

軸足（左足）の着地と同時に右足のステップ開始

いきなり強く振らずサオはスムーズに加速させる

オモリが浮いてサオに大きな負荷が掛かったら力強く振る

挑戦・スポーツキャスティング

構えの位置から投てきライン側に体を移動する投げ方は、体全体に勢いを付けてその反動を利用するため飛距離を出すには非常に有効だ。

しかし、ステップによって体を前に素早く移動させるのは意外に難しく、両足の運び方を理解するには後ろから撮影した写真が分かりやすい。

第5種目の回転投法では投てきラインが背中側にあるので、ラインの位置を十分に確認してからステップを始める。

低い構えで右足から軸足（左足）にいったん体重移動し、上体を起こしながら素早く投てきライン側に軸足（左足）をステップ。着地と同時に右足を右斜め前に踏み出してサオを振り始める。

素早く体を移動させるには両足の運び方と的確な体重移動が必要なので、繰り返し練習すること。

的確に体重移動

いったん軸足（左足）に体重を載せて右足を浮かせる

体重を右足に移して軸足（左足）で地面を蹴る

不安定な姿勢でサオ先やオモリが動かないように注意

右足の着地と同時にサオを振り始める

軸足（左足）の蹴りで腰と上体を回転させる

左手の力を抜いてサオのブレを収める

動かさない

スイング投法 横回転型㊤

軸足（右足）に体重を移動しながらサオを振り始める

軸足（右足）に体重を載せて左足のステップに備える

オモリの遠心力で大きな負荷が掛かったサオを思い切り振る

体の軸をあまり前後に動かさずにサオを一気に振る

200メートル超えの飛距離の出るスイング投法では4メートルほどのサオを使い、垂らしの長さは35、37号クラスでオモリ15号の場合、サオ尻から30センチほど上が一般的。40、45号クラスのサオでオモリが30号のときは、サオ尻と同じかサオ尻より10センチぐらい上にする。

キャスティング競技は、頭より上でオモリを回してはならないというルールがあるので肩より下で回す。

標準的な横回転型は、強くサオを振るときに体をあまり前後に動かさず、体の軸を中心に一気にサオを振ってスピードを上げる。

振り幅が広いほどいいと思われがちだが、深い位置から力を入れると大きな負荷でバランスを崩しやすく、サオのスピードも落ちてしまうので、強い力でサオを一気に振れる振り幅が大切だ。

体をあまり

オモリを体の横で振り子のように大きく揺らす

サオを背中側に倒してオモリを体の後ろに送り込む

軸足（右足）に体重を載せたまま左斜め前に左足をステップ

ステップしながら強い力で振れる位置までサオを進める

左足で突っ込む体を押さえ目線を上げてオモリを追う

オモリが飛ぶ方向にサオの角度を合わせる

左足で支える

スイング投法 横回転型㊦

しっかり踏ん張るために素早く軸足（右足）を踏み換える

オモリを大きく回しながら体重を軸足（右足）に載せステップに備える

軸足（右足）で踏ん張りながら負荷の掛かったサオを振る

軸足（右足）の蹴りを利用して腰を回転させサオを強く斜め上に振る

148ページから紹介しているスイング投法では横回転型、縦回転型ともサオは45号クラスでオモリ30号、リールは両軸タイプを使用している。

横回転型はサオを横に振るのではなく、大きく回したオモリで作り出した負荷を効率良くサオに載せ、サオのスピードで遠くに飛ばす。

いかにサオのスピードを上げられるかがポイントで、そのためには軸足（右足）でしっかり踏ん張り、体が前に動かないように左足で壁を作るようにして支える必要がある。

体の軸が前後しないのでサオにオモリの負荷を掛けやすいが、負荷が大き過ぎるとサオのスピードが遅くなって飛距離が伸びず、体が負けて思うように強くサオを振れなくなることもあるので注意。

右足で踏ん張り

投げる方向に背中を向け、オモリを揺らしながら引き込むタイミングを合わせる

サオを寝かせ気味にしながらオモリを体の後ろ側に深く送る

腰の開きに注意して左足を斜め前にステップする

伸び上がりの力を利用するために右膝を曲げて上体を低くする

オモリの射出位置を高くするために右足で伸び上がりながらサオを振る

オモリが飛ぶ角度にサオの角度を合わせる

オモリ1回転 スイング投法 縦回転型㊤

腰を残しながら左足を斜め後ろに引くようにステップ

サオを進めながらオモリを大きく回して負荷をサオに載せる

左足に体重を移動しながら腰の回転を利用してサオを振る

押しつぶすように掛かる大きな負荷を背負うようにして強くサオを振る

スイング投法の縦回転型は、体を前に移動させながらサオに体重を載せ、十分に負荷の掛かったサオを背負うようにして投げる方法だ。

サオを振りながら体の軸が前方に移動するのでサオにオモリの負荷を載せるのが難しくなるが、タイミングを合わせることで大きな力が生まれ、硬いサオを曲げることができる。

スイング投法は、一般的には体の周りでオモリを1回転させて投げるが、やや短めの垂らしを何度も回転させてから投げる方法もある。

いずれも投げ方を熟知した上で十分に練習を積まなければオモリが飛ぶ方向が定まらないなど危険を伴うため、実際の釣り場で使われることはほとんどない。

体の周りで

オモリを体の脇を通すようにして前後に揺らす

オモリを後ろに送りながら軸足（右足）を踏み換える

広めに取った左足の着地と同時にサオを力強く振る体勢を整える

腰を残したまま軸足（右足）に掛かる体重を徐々に左足に移動

軸足（右足）の押しを生かして上体を前に移動しながらサオに体重を載せる

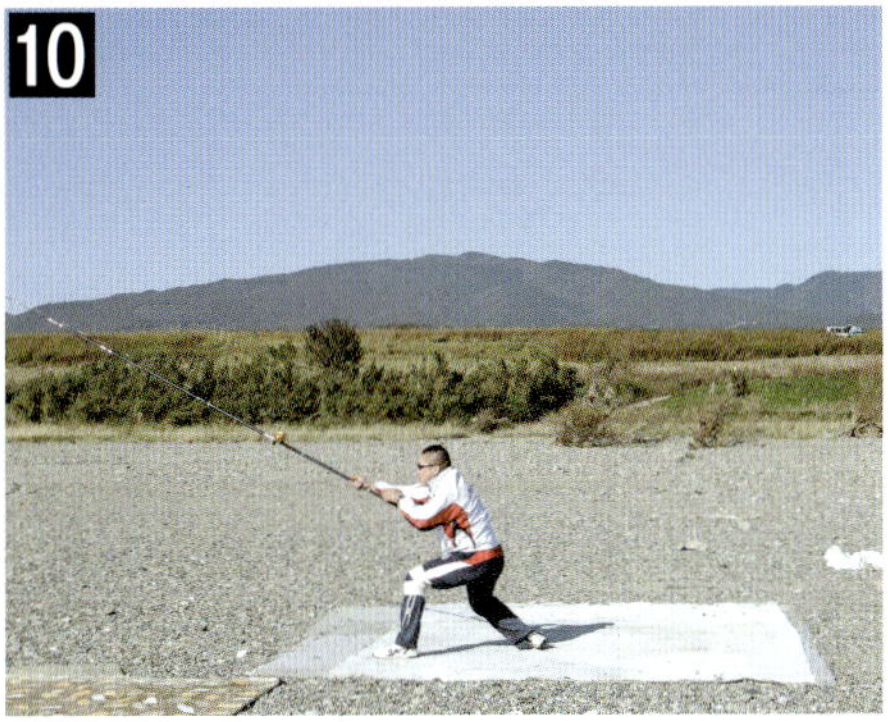

オモリが飛ぶ角度にサオを合わせる

大きな遠心力

スイング投法
縦回転型㊦

左足の着地と同時にサオを強く振る体勢を整える

軸足（右足）の体重を左足に移動しながら上体を前に移動する

さらに上体を前に押し出してサオに体重を載せ最後の一押し

サオのブレを素早く収束させるために右手はサオ尻付近に移動

縦回転型は、横回転型のように体の軸を動かさずにオモリを回してサオを振るのではなく、やり投げのように体を前に移動させながらサオを振るのが特徴だ。

大きく回るオモリの中心点がキャスト中に移動するので、オモリの重さをサオに載せにくいのが難点だが、うまく捉えれば硬いサオを十分に曲げて飛距離を伸ばすことができる。

スイング投法は、長い垂らしを利用して空中でオモリを回すため非常に大きな遠心力が働く。サオを速く振ろうとするほど大きな負荷が生まれるので長いサオをシャープに振るのは難しく、練習の段階でサオの硬さや長さなど、自分に合うものを見つけることで飛距離が伸ばせるようになる。

挑戦・スポーツ
キャスティング

長い垂らしで

オモリを体の後ろ側に送って右足に体重を載せる

腰を残すために左足のつま先を内向きにしてステップ

軸足（右足）で前に体を強く押し出しサオを斜めに振り上げる

重い物を背負うようなイメージで思い切りサオを振る

オモリが飛ぶ角度にサオの角度を合わせる

オモリの落下に合わせてサオ先を徐々に下げる

位置は高く 横回転型

オモリの負荷を十分にサオに載せる

強い蹴りで腰を回転させながらサオを斜めに振り上げる

伸び上がるようにしながらサオを縦振りに近づける

オモリの射出位置を高くすることで飛距離を伸ばす

スイング投法はここが肝心

横回転型のスイング投法は、体をあまり前後に動かさずに一気にサオを振る。背中側に深く引き込んだオモリが体を中心にだ円軌道を描くようにサオで誘導し、十分に負荷が掛かったサオを横に振るのではなく斜めに振り上げる。

ただし、あまり深い位置からサオを振ると負荷が大きくなり過ぎて体が負けるので注意。サオを強く振ることができるタイミングが来るまで軸足（右足）に体重を残し、強い蹴りで腰を回しながら伸び上がるようにサオを斜めから縦振りに近づける。オモリの遠心力に負けないようにサオを速いスピードで振るには、筋力はもちろんだが下半身の踏ん張りと体重移動が大きな鍵を握る。

挑戦・スポーツキャスティング

縦回転型 オモリの射出

軸足（右足）に体重を残しオモリの負荷を体の後ろ側で捉える

体を前に移動させながらサオを斜めに振り上げる

縦振りに近づけながらサオに体重を載せる

体を前方に移動しながらサオに体重を載せる

スイング投法の縦回転型は、体を前に移動させながらオモリ負荷のかかったサオにさらに体重を載せる必要がある。

長い垂らしで遠心力が働いたオモリの負荷を、できるだけ軸足（右足）に体重を残した状態で捉え、そこから体を前に移動しながらサオを斜めに振り上げる。さらに、軸足（右足）の強い蹴りで体を前に押し出し、サオに体重を載せる。

いずれの投げ方も背中側に引き込んだオモリは高い位置にあるが、強く振り始めるときには低い位置に来るようにサオで操作し、フィニッシュではオモリを斜め上に引き上げるようにサオを縦振りに近づけることが肝心だ。サオ先の位置が低くオモリの射出位置も低いと、十分な飛距離が期待できないからだ。

あとがき

師から弟子、仲間へつなぐ

釣りの全てのジャンルにおいてキャスティングほど大事な技術はないのにこの技術を解説する本はなかった。遠くへ飛ばすことができればもっと魚が釣れるし、的確に狙ったポイントに仕掛けを落とすことができれば、釣れる確率はさらに高まる。

執筆者の小西勝美氏は全国大会の優勝経験があり、確かな理論は全国のキャスティング愛好者から支持されている。編集にあたった元週刊釣り新聞ほっかいどうの菊地保喜記者も元キャスティング競技者で、２人の知識と経験が合体して初めて本書は生まれた。

執筆者の小西氏は冒頭の「はじめに」で、北海道のキャスティング技術を全国レベルにまで押し上げ、普及に努めた故菅原隆氏（元全日本サーフキャスティング連盟副会長）のことに触れているが、出版のきっかけは菅原氏だった。２０１５年１月の札幌市南区定山渓での札幌サーフキャスティングクラブの新年会でのこと。「キャスティングの本を作ろう」と言われたが「私は編集長をおりるから」と返事を濁したところ、「俺も最近、体調が悪くてね。世代交代の時期なのかな」と寂しそうに話したことが忘れられなかった。１年４カ月後、菅原氏は亡くなった。

本は私の調整不足もあり企画から発行までに1年以上かかってしまった。内容はわかりやすさを目指したが、キャスティング理論を明らかにしなければ説明できないことが多く、専門書に近い内容となった。写真を多用しているので、見よう見まねでも本を参考にサオを振ってみてほしい。また、疑問点は何回も読み返していただきたい。正確な投てき、遠投のヒントが必ず見つかるはずだ。

菅原氏の本は実現できなかったが、教え子の小西氏、菅原氏と長年の盟友だった菊地氏が、菅原氏のキャスティング本の夢をかなえてくれた。「いいね」と言ってくれればうれしいが、さてどうか。菅原氏の墓前に早く報告に行かねばと思っている。

北海道新聞ＨｏｔＭｅｄｉａ・
週刊釣り新聞ほっかいどう副編集長・大井昇

第３種目競技でキャストする故菅原氏

著者紹介

小西勝美（こにし・かつみ）

1966年札幌市生まれ。22歳のとき、北海道モトクロス選手権で国内A級クラスチャンピオン。26歳で投げ釣りを通してスポーツキャスティングに出会い、95年、全日本サーフキャスティング連盟札幌サーフキャスティングクラブに入会、本格的に競技を始める。

2001年、全日本選手権第2種目で優勝。翌年、全日本キャスティング協会対抗戦団体優勝。04年、ジャパンスポーツキャスティング連盟でキャストフリークス設立。05年、ウェールズ世界大会に出場、日本団体は3位。07、09、10年にトップキャスターズトーナメント選手権第2種目優勝。10年、SHIMANOワールドスポーツキャスティングトーナメントでも優勝。12年、ベルギー世界大会フリースタイルクラス6位入賞。18年、トップキャスターズトーナメント選手権第1種目優勝。後進の指導を惜しまず全国のキャスターから慕われている。ジャパンスポーツキャスティング連盟理事。キャストフリークス代表。

編集デスク

菊地保喜（きくち・やすき）

1953年八雲町生まれ。幼いころから遊楽部川の渓流釣りに通いつめ、30歳から函館市のくらしま釣具店長を十数年務める。その間、投げ釣りを本格的に始めるとともにキャスティング競技に取り組み、全日本サーフキャスティング連盟はこだてサーフの創立に参加。競技では第3種目で活躍、同連盟の北海道選手権大会でも優勝経験がある。40代後半から週刊釣り新聞ほっかいどうで取材や執筆に活躍。フライフィッシング、船釣りにも詳しい。

写真で学ぶキャスティング　目指せ150メートル

2019年12月13日　初版第1刷発行
著　者　　小西勝美
編　者　　北海道新聞HotMedia・週刊釣り新聞ほっかいどう
　　　　　編集デスク　菊地保喜
　　　　　編集・制作　渡辺純子、藤高一美、大井昇
発行者　　五十嵐正剛
発行所　　北海道新聞社
　　　　　〒060-8711　札幌市中央区大通西3丁目6
　　　　　出版センター（編集）TEL 011-210-5742
　　　　　　　　　　　（営業）TEL 011-210-5744
印刷・製本　株式会社アイワード

落丁·乱丁本は出版センター（営業）にご連絡下さい。お取り替えいたします。
ISBN978-4-89453-968-6

つりしんの本

新版　ここで釣れる　北海道の港　全ガイド

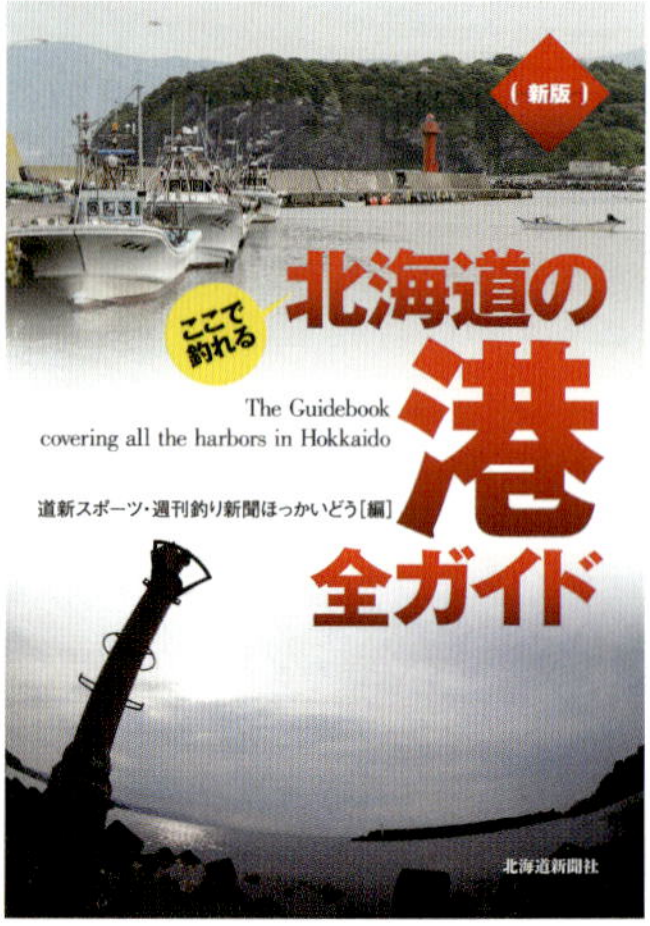

ファミリーにも！
身近なレジャーの手引きに

道内のほぼすべての港湾・漁港を網羅。港内の釣りポイントはもちろん、駐車場やトイレをはじめ、漁港近くのコンビニやガソリンスタンドなども表示。

週刊釣り新聞ほっかいどう編
A5判　432頁　本体2800円＋税

北海道の海岸　特選釣り場ナビ

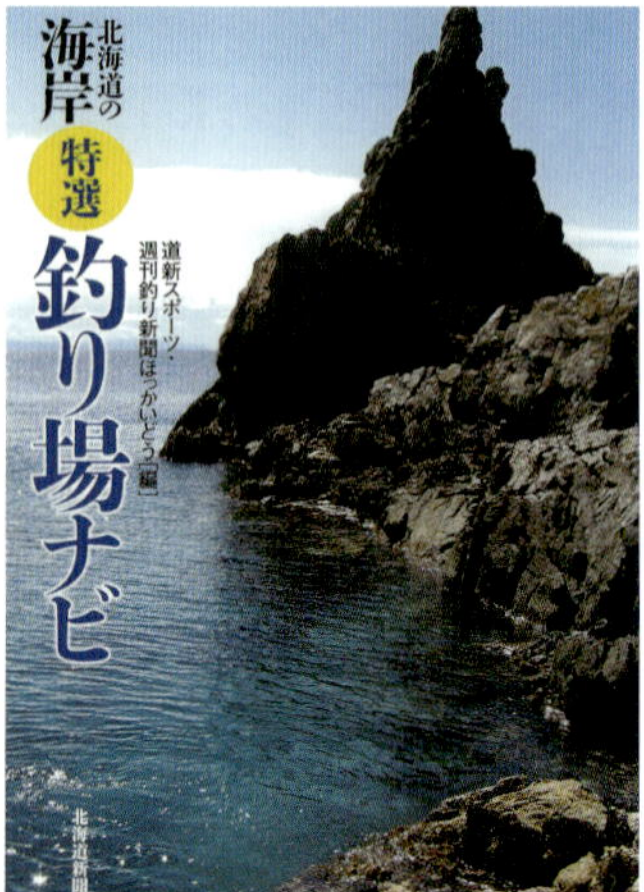

磯釣りファン必見！

北海道の海岸線に点在する釣り場200カ所を厳選。場所の解説だけではなく、魚種や釣り期も紹介。

週刊釣り新聞ほっかいどう編
A5判　430頁　本体2500円＋税